आस

(ग़ज़ल-संग्रह)

आस

बशीर बद्र

वाणी प्रकाशन

वाणी प्रकाशन
4695, 21-ए, दरियागंज, नयी दिल्ली 110 002
फ़ोन : +91 11 23273167 फ़ैक्स : +91 11 23275710
शाखाएँ
अशोक राजपथ, पटना 800 004, बिहार
कॉफ़ी हाउस कैम्पस, महात्मा गांधी मार्ग, इलाहाबाद 211 001, उत्तर प्रदेश
महात्मा गांधी अन्तरराष्ट्रीय हिन्दी विश्वविद्यालय, वर्धा 442 001, महाराष्ट्र
सुल्तानिया रोड, मोतिया पार्क, भोपाल 462 001, मध्य प्रदेश
www.vaniprakashan.com
marketing@vaniprakashan.in
sales@vaniprakashan.in

AAS
by Bashir Badra

ISBN : 978-93-5000-386-2
Ghazal

संस्करण 2000, 2004, 2009, 2011, 2013
आवृत्ति 2020

मूल्य : ₹ 295

यश प्रिंटोग्राफ़िक्स, नोएडा-201 301 (उ.प्र.) में मुद्रित

वाणी प्रकाशन का लोगो मक़बूल फ़िदा हुसेन की कूची से

भूमिका

1985 से बहुत पहले रिसाला 'शाइर' के एक शुमारे के लिए हुसैन माजिद को इंटरव्यू देते हुए मैंने कहा था—

'मेरा दर्द न जाने कोय' से लेकर
'उजाले अपनी यादों के हमारे साथ रहने दो'

तक जो दिलों पर नक़्श है उसे अल्लाह ने लिखाया है। सच्ची शाइरी पढ़ते हुए कुछ याद आने लगता है और झूठी शाइरी पढ़कर कुछ याद नहीं आता। और बहुत याद आया तो कोई दूसरा शाइर या दूसरा शे'र।

मुशायरे पानी की क़ब्रें हैं। एक मख़लूक़ मुशायरे में पैदा होती है और मुशायरे ही में मर जाती है। रिसाले मिट्टी की क़ब्रें हैं। एक मख़लूक़ रिसाले ही में पैदा होती है और रिसाले ही में दफ़न हो जाती है।

22 फ़रवरी 2000 को साहित्य अकादमी दिल्ली के एवार्ड फ़ंक्शन में मैंने कहा था कि ग़ज़ल में ख़ुद को तलाश करना एक साधना है जिसे 'एक्सरसाइज़' और (प्रिपेरेशन) कहना चाहिए। हमारे इस अमल में ग़ज़ल के कई करोड़ सुनने और पढ़ने वाले अमली तौर पर शरीक होते हैं। ग़ज़ल का सच्चा शे'र लम्हा-लम्हा ग्रो (grow) होता रहता है। और तीस-चालीस साल में वो ग़ज़ल की दुनिया में एक शख़सियत की तरह धीरे-धीरे नुमायाँ होता रहता है और फिर जाविदानी सरहदों में दाख़िल हो जाता है। मीर की 1818 ग़ज़लें हैं जिनमें 17878 शे'र मैंने गिने भी हैं। मीर का कलाम एक ग़ज़ल के शाइर की साधना का अच्छा नमूना है। इस साधना या इबादत को भी हम एक्सरसाइज़ (exercise) और प्रिपेरेशन (preparation) ही कहेंगे। क्रिएशन (creation) या तख़लीक़ का मोजिज़ा सिर्फ़ वही अशआर हैं जो ज़्यादा मीर के यहाँ बहत्तर हो जाते हैं। ग़ालिब ने उर्दू ग़ज़ल में शे'र कम कहे और फिर काट भी दिए हैं, एक आम सा नुसख़ा जो मेरे सामने है उसमें तो 1415 ही शे'र हैं, सौ पचास इधर-उधर और मिल जाएँगे। ग़ालिब बहुत बड़े ग़ज़ल के शाइर सही लेकिन उनके यहाँ भी बहत्तर की हद नहीं टूट सकेगी। ग़ज़ल एक जादू है, हिंदोस्तान

और पाकिस्तान में हज़ारों ग़ज़ल के शाइर हैं, लेकिन दोनों मुलकों में कुल 4 या 5 ऐसे शाइर हैं जिनके 4 या 5 शे'र सारी दुनिया में जाने-पहचाने जाते हैं।

उर्दू ग़ज़ल के तीन सौ साला सफ़र का बार-बार मुताला करने के बाद मुझे ये अहसास होता है कि जब किसी शाइर के यहाँ ग़ज़ल का सच्चा शे'र वजूद में आता है तो वे शाइर की गोद में और वक़्त के पालने में साँस-साँस ग्रो (grow) करता है और दुनिया के करोड़ों इन्सान उसे वहाँ तक ले जाते हैं जहाँ अमरता की सरहदें उसे अपनी हिफ़ाज़त में ले लेती हैं। उर्दू और हिंदी ज़बान बोलने वाले इसे ज़िंदगी की वादियों में ले आते हैं वरना हमारी ग़ज़ल की तनक़ीद (criticism) तो ग़ज़ल के सच्चे शे'रों की तलाश के अलावा बाक़ी सब काम करती रही है। अगर हम हालिया सौसाला ग़ज़ल का मुताला करें तो ये महसूस होता है कि

(1) ग़ज़ल की तनक़ीद फ़िराक़ ने लिखी–

(2) तनक़ीद ने फ़िराक़ पर लिखा–

(3) शे'र जिगर साहब ने कहे।

हाँ जिगर साहब के शे'रों पर क़सबाती महफ़िलों की जो चादर पड़ी हुई है उसने उन्हें आज कल के आम लोगों को उनके अच्छे शे'रों से बहुत क़रीब नहीं होने दिया है। ग़ज़ल जैसी बड़ी और हमागीर सिनफ़े सुख़न के लिए कुछ अच्छे और सच्चे नक़्क़ादों की कमी बुरी तरह खटकती है। हमारी दर्सगाहों में भी तख़लीक़ी काम का जायज़ा और दरसो-तदरीस का फ़रीज़ा ग़ैर तख़लीक़ी हो गया है। मीर की ग़ज़ल का सरमाया 18000 छोटे-बड़े दरख़्तों का जंगल है जिसके पात-पात डाल-डाल को परखना एक इन्सान की दस्तरस में आसानी से नहीं आ सकता इसीलिए अब कम पढ़े-लिखे लोगों का सबसे आसान शाइर ग़ालिब है। ग़ालिब अपने 1500 शे'रों से हम पर हुकूमत कर रहे हैं।

आज 20 फ़रवरी 2000 साल में कैमरे की आँख से जाहिर और बातिन देखने की कोशिश हो रही है। साइंस का पोएटिक एक्सप्रेशन (poetic expression) [शाइराना इज़हार] सिर्फ़ ग़ज़ल है। ग़ज़ल के अलावा अकसर शे'री इज़हार चाहे वो दो शे'रों में हो या दो हज़ार सफ़हों में, उनका मरकज़ी ख़्याल बुनियादी तौर पर एक तज्रुबा होता है। जबकि ग़ज़ल के सात शे'र कम से कम सात मुख़तलिफ़ किरदारों के दाख़ली कैफ़ियत और अहसासात के अलग-अलग लमहों की अलग-अलग दास्तान हैं। और किसी भी लांग (long) पोइम या नॉविल का नुक़तए ऊरूज (climax) ग़ज़ल का एक शे'र हो सकता है इसीलिए हर क़दम पर हमें ग़ज़ल के ऐसे शे'र मिल जाते हैं जो हमें ग़ज़ल के तरीक़ाए कार के बारे में इशारा करते हैं।

मैं हर लम्हे में सदियाँ देखता हूँ।
तुम्हारे साथ इक लम्हा बहुत है।

आज मुख़तलिफ़ ज़बानों की शाइरी और नग़मों के जो मशहूर वीडियो कैसेट्स हैं

उनमें मिसरों या शे'रों की जो 'picturisation' कैमरा क्रिएटिव-स्टाइल (creative style) से करता है वो ग़ज़ल के तरीक़ए कार से इसलिए मिलता-जुलता है कि हमारे ज़हन से बढ़कर माज़ी, हाल और मुस्तक़बिल ज़मीन-आसमान हयात और काएनात सबको एक लम्हे में जिस तरह हमारा ज़हन बगैर सोचे हुए महसूस करता है उस तक पहुँचना ही कैमरे का क्रिएटिव (creative expression) इज़हार है। जदीद क्रिएटिव आर्ट भी ग़ज़ल के क़दीम आर्ट से अब भी बहुत पीछे है लेकिन उस तरफ़ लपक रहा है और यह बता रहा है कि साइंस भी एक दिन इन्सानी जमालियात हो सकती है। ग़ज़ल के एक-एक मिसरे में बहुत से बिखरे हुए इमेजेस एक तख़लीक़ी इमेज (science may be aesthetic expression or poetic expression) बन जाते हैं और ये अपने सुने और पढ़ने वालों के ज़हन के वसीलों से लम्हा-लम्हा नमू पाते रहते हैं और फिर एक इनफिरादी शख़्सियत बन जाते हैं।

ग़ज़ल के सच्चे शे'र बच्चों की वो मासूमियत है जिनमें हजारों साल की बुजुर्गी मुस्कुराती है और फिर साठ साला तजरुबाकार ज़हन व दिल में फूल जैसे बच्चे कुछ पाने की ज़िद में मचलने लगते हैं। शायद ही कोई लम्हा होगा जब सियासी ज़िम्मेदारियों और अजमतों की शख़्सियत इंदिरा गांधी ने अपनी एक राज़दार सहेली ऋता शुक्ला टैगोर शिखर पथ, रांची-4 को अपने दिल का कोई अहसास इस शे'र के वसीले से वाबस्ता किया था।

"उजाले अपनी यादों के हमारे साथ रहने दो
न जाने किस गली में ज़िंदगी की शाम हो जाए"

यही वो शे'र है जो मशहूर फिल्म एक्ट्रेस मीना कुमारी ने (अंग्रेज़ी रिसाला) स्टार एण्ड स्टाइल (english magazine star & style) में अपने हाथ से उर्दू में लिखकर छपवाया था और हिंदुस्तान के सद्र ज्ञानी ज़ैल सिंह ने अपनी आख़री तकरीर को इसी पर समाप्त किया था। शाइरी यहाँ ये सवाल पूछती है कि ग़ज़ल में ये बूढ़े लोग बारह तेरह साल के क्यों हो जाते हैं जबकि आज की ग़ज़ल अपने बच्चों का तआरूफ़ इस तरह कराती है–

"मुख़्तसर बातें करो बेजा वज़ाहत मत करो
ये नई दुनिया है बच्चों में ज़िहानत है बहुत"

ग़ज़ल की रेज़ा ख़्याली मिल्टन और फ़िरदौसी की मुसलसल बयानी और कमरे की बेजान आँख कैसे हज़ारों साल की धड़कनों में बदल जाती है।

ग़ज़ल का एक मिसरा साठ-सत्तर साल में कैसे बदलता है अयोध्या की ख़ाक से उठकर इस्लाम की शरीयत में पल कर (misticism) तसव्वुफ की चादर ओढ़कर किस तरह ग्रो (grow) करता है। आने वाले बीस-पच्चीस साल को ज़हन में रखकर एक चैनल के ज़रिए किस तरह पैरहन बदलता है।

उसकी मिसाल ग़ज़ल के एक कमज़ोर शे'र की ये तबदीलियाँ हैं। मेरी माँ

अलीया बेगम जो अपनी आवाज़ से परदा करती थीं—यह परदा उनका इसलाम था लेकिन 15 हज़ार साल का Ajodhia भी उनके ख़ून की आहट बना रहा था—और 300 साल का इसलामी Sufiism भी उनके दिल में सोता जागता रहा इसीलिए वह 40-50 साल में हिंदोस्तानी धोती (साड़ी) पहनने वाली ऐसी बेपरदा सूफी हुई जो क़व्वाली और मुशायरों में जाकर Participants की हिम्मत अफ़्ज़ाई करती थीं और बड़े-बड़े सूफी उनके आगे हाथ बाँधकर सर-झुकाकर बैठते थे।

मेरा यह शे'र उनकी तबदीलियों की याद कर रहा है—

जब भी कसने लगा उतार दिया।
इस बदन पर कई लिबास रहे।

लेकिन अब इस शे'र ने सफ़र शुरू किया और वो सूफी खातून के बजाय उस लड़की से miss city miss province miss country और miss world का बदन बनती जरदों, उसकी ये इबादत पुराने कपड़े उतारती जा रही है। कैमरे की ग़ज़ल के पुराने मिसरे ghazal of camera का पैरहन लेकर एक नई इकाई यू बनाती है। जब भी ढीला हुवा उतार दिया।

इस बदन पर कई लिबास रहे।

इसलिए 'आस' के नाम से कभी बशीर बद्र की इकाई बनती है, कभी 'इमेज' (create) तखलीक़ होती है और कभी उनकी आमद आसमान को छूने लगती है तो क्या इससे हम ये सोचें कि ग़ज़ल में बताया है कि पुराना शे'र नया और नया शे'र पुराना दोनों एक ही है और एक दिन sahitya academy के बेजान मुजावरों को भी ये ख़बर हो गई है कि ग़ज़ल का शे'र कम से कम पचास साल में जवान होता है। आख़िर में मैं ये ज़रूर इशारा करूँगा कि एक ज़बान दो तीन शाइर पैदा कर सकती है और उस वक्त तक कोई दूसरा काबिले जिक्र शाइर पैदा नहीं हो सकता जब तक वो ज़बान अपनी दूसरी शख़्सियत (personality) में न जाहिर हो। हम देखते हैं कि अंग्रेज़ी जैसी ज़बान में रोमेंटिक पीरियड के बाद आलमगीर सतह की दस लाइनें भी नहीं लिखी जा सकीं और दो-तीन सदियों से इंग्लिश पोएट्री ऑपरेशन टेबल पर पड़ी हुई है। यही हाल फ़ारसी ज़बान का भी था कि वो हाफ़िज़, सादी, बेदिल, उर्फ़ी और नज़ीरी के बाद आज तक नींद से नहीं जागी और मीर और ग़ालिब जो इन फ़ारसी के शाइरों की हमसरी के आरज़ूमंद रहे वह बाज़ारी उर्दू ज़बान के तकदुस, तहारत और मोहब्बत के वसीले से उनसे भी बड़े शाइर हो गए। उसी फ़ारसी तहजीबयाफ़्ता उर्दू का सिलसिला फ़ैज़ और मजरूह तक सर बलंद होकर अपनी विरासत उस नई आलमी उर्दू के हवाले करके ख़ुश है कि इसकी तमाज़त में सैकड़ों अंग्रेज़ी और दूसरी मग़रिबी ज़बानों के लफ्ज़ (words) हिंदुस्तानी आत्मा और तमाज़त में कुछ-कुछ तहलील होकर हमारी ग़ज़ल में नई बशारतों के दरवाज़े खोल रही है।

शायद मैं यही कहना चाहता हूँ कि ग़ज़ल का शे'र और उसके पढ़ने वाले एक इकाई हैं जिन्हें किसी आउट साइडर की क़तई ज़रूरत नहीं।

मैं अपने बच्चों को समझाने के लिए ये कहना चाहता हूँ कि शाइरी में ऐसा नहीं होता कि बाप की विरासत बाप के मरने के बाद बेटे की हो जाय। ये विरासत सिर्फ़ उसको ट्रेनिंग (Training) देती है। यानी मीर के इंतिक़ाल के बाद मीर का बेटा उनके घर का वाक़ई मालिक है लेकिन ग़ज़ल में तो उसे अपना घर ख़ुद ही बनाना पड़ेगा।

–बशीर बद्र

1

यूँ ही बेसबब न फिरा करो, कोई शाम घर भी रहा करो
वो ग़ज़ल की सच्ची किताब है उसे चुपके चुपके पढ़ा करो

कोई हाथ भी न मिलायेगा जो गले मिलोगे तपाक से
ये नये मिज़ाज का शह्र है ज़रा फ़ासले से मिला करो

अभी राह में कई मोड़ हैं कोई आयेगा कोई जायेगा
तुम्हें जिसने दिल से भुला दिया उसे भूलने की दुआ करो

मुझे इश्तहार-सी लगती हैं ये मुहब्बतों की कहानियाँ
जो कहा नहीं वो सुना करो जो सुना नहीं वो कहा करो

क़भी हुस्ने परदा नशीं[1] भी हो ज़रा आशिक़ाना लिबास में
जो मैं बन सँवर के कहीं चलूँ मिरे साथ तुम भी चला करो

नहीं बे हिजाब[2] वो चाँद सा कि नज़र का कोई असर न हो
उसे इतनी गरमि-ए-शौक़ से बड़ी देर तक न तका करो

ये ख़िज़ाँ की ज़र्द-सी शाल में जो उदास पेड़ के पास है
ये तुम्हारे घर की बहार है इसे आँसुओं से हरा करो

1977

1. पर्दादार प्रेमिका

2. बेशर्म

2

कोई फूल धूप की पत्तियों में हरे रिबिन से बँधा हुआ
वो ग़ज़ल का लहजा नया-नया न कहा हुआ न सुना हुआ

जिसे ले गई है अभी हवा वो वरक़ था दिल की किताब का
कहीं आँसुओं से मिटा हुआ कहीं आँसुओं से लिखा हुआ

कई मील रेत को काट कर कोई मौज फूल खिला गई
कोई पेड़ प्यास से मर रहा है नदी के पास खड़ा हुआ

वही ख़त के जिस पे जगह जगह दो महकते होंटों के चाँद थे
किसी भूले बिसरे से ताक़ पर तहे गर्द होगा दबा हुआ

मुझे हादसों ने सजा सजा के बहुत हसीन बना दिया
मिरा दिल भी जैसे दुल्हन का हाथ हो मेहंदियों से रचा हुआ

वही शह्र है वही रास्ते वही घर है और वही लान भी
मगर उस दरीचे[1] से पूछना वो दरख़्त अनार का क्या हुआ

मेरे साथ जुगनू है हमसफ़र मगर इस शरर[2] की बिसात क्या
ये चिराग़ कोई चिराग़ है न जला हुआ न बुझा हुआ

1975

1. खिड़की
2. चिंगारी

3

आँखों में रहा दिल में उतर कर नहीं देखा
किश्ती के मुसाफ़िर ने समन्दर नहीं देखा

बेवक़्त अगर जाऊँगा सब चौंक पड़ेंगे
इक उम्र हुई दिन में कभी घर नहीं देखा

जिस दिन से चला हूँ मिरी मंज़िल पे नज़र है
आँखों ने कभी मील का पत्थर नहीं देखा

ये फूल मुझे कोई विरासत में मिले हैं
तुमने मिरा काँटों भरा बिस्तर नहीं देखा

पत्थर मुझे कहता है मिरा चाहने वाला
मैं मोम हूँ उसने मुझे छूकर नहीं देखा
1978

4

हँसी मासूम सी बच्चों की कापी में इबारत[1] सी
हिरन की पीठ पर बैठे परिन्दे की शरारत सी

वो जैसे सर्दियों में गर्म कपड़े दे फ़क़ीरों को
लबों पे मुस्कुराहट थी मगर कैसी हिक़ारत सी

उदासी पतझड़ों की शाम ओढ़े रास्ता तकती
पहाड़ी पर हज़ारों साल की कोई इमारत सी

सजाये बाज़ुओं पर बाज़ वो मैदाँ में तन्हा था
चमकती थी ये बस्ती धूप में ताराज ओ ग़ारत[2] सी

मेरी आँखों, मेरे होंटों पे ये कैसी तमाज़त[3] है
कबूतर के परों की रेशमी उजली हरारत सी

खिला दे फूल मेरे बाग़ में पैग़म्बरों जैसा
रक़म[4] हो जिस की पेशानी पे इक आयत बशारत[5] सी

1980

1. लेखन
2. रौंदी हुई, वीरान
3. गर्मी
4. लिखित 5. ख़ुश ख़बरी, शुभ सूचना

5

नारियल के दरख़्तों की पागल हवा खुल गये बादबाँ लौट जा लौट जा
साँवली सरज़मीं पर मैं अगले बरस फूल खिलने से पहले ही आ जाऊँगा

गर्म कपड़ों का सन्दूक़ मत खोलना वरना यादों की काफ़ूर जैसी महक
ख़ून में आग बन कर उतर जायेगी सुबह तक ये मकाँ ख़ाक हो जायेगा

लान में एक भी बेल ऐसी नहीं जो देहाती परिन्दे के पर बाँध ले
जंगली आम की जान लेवा महक जब बुलायेगी वापस चला जायेगा

मेरे बचपन के मन्दिर की वह मूर्ति धूप के आसमाँ पे खड़ी थी मगर
एक दिन जब मिरा क़द मुकम्मिल हुआ उसका सारा बदन बर्फ़ में धँस गया

अनगिनत काले काले परिन्दों के पर टूट कर ज़र्दबानी को ढकने लगे
फ़ाख़ता धूप के पुल पे बैठी रही रात का हाथ चुपचाप बढ़ता गया

6

सँवार नोक पलक अबरूओं[1] में ख़म कर दे
गिरे पड़े हुए लफ़्ज़ों को मोहतरम[2] कर दे

गु़रूर उस पे बहुत सजता है मगर कह दो
इसी में उसका भला है गु़रूर कम कर दे

यहाँ लिबास की क़ीमत है आदमी की नहीं
मुझे गिलास बड़े दे शराब कम कर दे

चमकने वाली है तहरीर मेरी क़िस्मत की
कोई चिराग़ की लौ को ज़रा सा कम कर दे

किसी ने चूम के आँखों को ये दुआ दी थी
ज़मीन तेरी ख़ुदा मोतियों से नम कर दे

1978

1. भवें
2. सम्माननीय

7

कोई लश्कर है के बढ़ते हुए ग़म आते हैं
शाम के साये बहुत तेज़ क़दम आते हैं

दिल वो दरवेश[1] है जो आँख उठाता ही नहीं
इस के दरवाज़े पे सौ अहले करम[2] आते हैं

1. साधु
2. करम करने वाले

मुझ से क्या बात लिखानी है कि अब मेरे लिये
कभी सोने कभी चाँदी के क़लम आते हैं

मैं ने दो चार किताबें तो पढ़ी हैं लेकिन
शह्र के तौर तरीक़े मुझे कम आते हैं

ख़ूबसूरत सा कोई हादसा आँखों में लिये
घर की दहलीज़ पे डरते हुए हम आते हैं

1978

8

उनको आईना बनाया धूप का चेहरा मुझे
रास्ता फूलों का सब को आग का दरया मुझे

चाँद चेहरा, ज़ुल्फ़ दरया, बात ख़ुशबू, दिल चमन
इक तुम्हें दे कर ख़ुदा ने दे दिया क्या क्या मुझे

जिस तरह वापस कोई ले जाये अपनी चिट्ठियाँ
जाने वाला इस तरह से कर गया तन्हा मुझे

तुमने देखा है किसी मीरा को मन्दिर में कभी
एक दिन उसने ख़ुदा से इस तरह माँगा मुझे

मेरी मुट्ठी में सुलगती रेत रख कर चल दिया
कितनी आवाज़ें दिया करता था ये दरया मुझे

1981

9

सुनसान रास्तों की सवारी न आयेगी
अब धूल से अटी हुई लारी न आयेगी

छप्पर के चाय ख़ाने भी अब ऊँघने लगे
पैदल चलो के कोई सवारी न आयेगी

तहरीर-ओ-गुफ़्तगू में किसे ढूँढ़ते हैं लोग
तस्वीर में भी शक्ल हमारी न आयेगी

सर पर ज़मीन ले के हवाओं के साथ जा
आहिस्ता चलने वाले की बारी न आयेगी

पहचान अपनी हम ने मिटाई है इस तरह
बच्चों में कोई बात हमारी न आयेगी

1982

10

इस तरह साथ निभना है दुश्वार सा
तू भी तलवार सा मैं भी तलवार सा

अपना रंगे ग़ज़ल उसके रुख़सार[1] सा
दिल चमकने लगा है रूख़े यार सा

1. गाल

अब है टूटा सा दिल ख़ुद से बेज़ार सा
इस हवेली में लगता था दरबार सा

ख़ूबसूरत सी पैरों में ज़ंजीर हो
घर में बैठा रहूँ मैं गिरफ़्तार सा

मैं फ़रिश्तों की सुहबत के लायक़ नहीं
हम सफ़र कोई होता गुनहगार सा

गुड़िया, गुड्डे को बेचा ख़रीदा गया
घर सजाया गया रात बाज़ार सा

शाम तक कितने हाथों से गुज़रूगा में
चाय ख़ाने में उर्दू के अख़बार सा

बात क्या है कि मशहूर लोगों के घर
मौत का सोग होता है त्योहार सा

ज़ीना ज़ीना उतरता हुआ आईना
उसका लहजा अनोखा खनकदार सा

1979

11

पत्थर के ज़िगर वालो ग़म में वो रवानी है
ख़ुद राह बना लेगा बहता हुआ पानी है

फूलों में ग़ज़ल रखना ये रात की रानी है
उस में तिरी ज़ुल्फ़ों की बे रब्त[1] कहानी है

1. बेतरतीब

इक ज़हने परेशाँ में वो फूल सा चेहरा है
पत्थर की हिफ़ाज़त में शीशे की जवानी है

क्यों चाँदनी रातों में दरया पे नहाते हो
सोये हुए पानी में क्या आग लगानी है

इस हौसलये दिल पर हम ने भी कफ़न पहना
हँस कर कोई पूछेगा क्या जान गँवानी है

रोने का असर दिल पर रह रह के बदलता है
आँसू कभी शीशा है आँसू कभी पानी है

ये शबनमी लहजा है आहिस्ता ग़ज़ल पढ़ना
तितली की कहानी है फूलों की ज़ुबानी है

1959

12

हर बात में महके हुए जज़्बात की ख़ुशबू
याद आई बहुत पहली मुलाक़ात की ख़ुशबू

छुप छुप के नई सुब्ह का मुँह चूम रही है
इन रेशमी ज़ुल्फ़ों में बसी रात की ख़ुशबू

मौसम भी हसीनों की अदा सीख गये हैं
बादल हैं छुपाये हुए बरसात की ख़ुशबू

घर कितने ही छोटे हों घने पेड़ मिलेंगे
शह्रों से अलग होती है क़स्बात की ख़ुशबू

होंटों पे अभी फूल की पत्ती की महक है
साँसों में रची है तिरी सौग़ात की ख़ुशबू

1975

13

वो चाँदनी का बदन ख़ुशबुओं का साया है
बहुत अज़ीज़ हमें है मगर पराया है

उतर भी आओ कभी आसमाँ के ज़ीने से
तुम्हें ख़ुदा ने हमारे लिये बनाया है

कहाँ से आई ये ख़ुशबू ये घर की ख़ुशबू है
इस अजनबी के अन्धेरे में कौन आया है

महक रही है ज़मीं चाँदनी के फूलों से
ख़ुदा किसी की मुहब्बत पे मुस्कुराया है

उसे किसी की मुहब्बत का एतबार नहीं
उसे ज़माने ने शायद बहुत सताया है

तमाम उम्र मिरा दम इसी धुएँ में घुटा
वो इक चराग़ था मैंने उसे बुझाया है

1975

14

सौ ख़ुलूस[1] बातों में सब करम ख़यालों में
बस ज़रा वफ़ा कम है तेरे शह्र वालों में

पहली बार नज़रों ने चाँद बोलते देखा
हम जवाब क्या देते खो गये सवालों में

रात तेरी यादों ने दिल को इस तरह छेड़ा
जैसे कोई चुटकी ले नर्म नर्म गालों में

यूँ किसी की आँखों में सुब्ह तक अभी थे हम
जिस तरह रहे शबनम फूल के प्यालों में

मेरी आँख के तारे अब न देख पाओगे
रात के मुसाफ़िर थे खो गये उजालों में

1958

1. निश्छलता

15

कभी यूँ भी आ मिरी आँख में कि मिरी नज़र को ख़बर न हो
मुझे एक रात नवाज़ दे मगर इस के बाद सहर न हो

वो बड़ा रहीम ओ करीम[1] है मुझे ये सिफ़त[2] भी अता करे
तुझे भूलने की दुआ करूँ तो मिरी दुआ में असर न हो

मिरे बाज़ुओं में थकी थकी अभी महवे-ख़्वाब[3] है चाँदनी
न बुझे ख़राबे की रोशनी कभी बे चराग़ ये घर न हो

कभी दिन की धूप में झूम के कभी शब के फूल को चूम के
यूँ ही साथ साथ चलें सदा कभी ख़त्म अपना सफ़र न हो

1978

1. रहम और करम करने वाला ईश्वर
2. विशेषता
3. सपने में खोई

16

कहाँ आँसुओं की ये सौग़ात होगी
नये लोग होंगे नई बात होगी

मैं हर हाल में मुस्कुराता रहूँगा
तुम्हारी मुहब्बत अगर साथ होगी

चराग़ों को आँखों में महफ़ूज़[1] रखना
बड़ी दूर तक रात ही रात होगी

परेशाँ हो तुम भी, परेशाँ हूँ मैं भी
चलो मैकदे में वहीं बात होगी

चराग़ों की लौ से सितारों की ज़ौ[2] तक
तुम्हें मैं मिलूँगा जहाँ रात होगी

जहाँ वादियों में नये फूल आये
हमारी तुम्हारी मुलाक़ात होगी

सदाओं को अल्फाज़ मिलने न पायें
न बादल घिरेंगे न बरसात होगी

मुसाफ़िर हैं हम भी मुसाफ़िर हो तुम भी
किसी मोड़ पर फिर मुलाक़ात होगी

1973

1. सुरक्षित

2. आभा, प्रकाश

17

वो ग़ज़ल वालों का असलूब[1] समझते होंगे
चाँद कहते हैं किसे ख़ूब समझते होंगे

इतनी मिलती है मिरी ग़ज़लों से सूरत तेरी
लोग तुझ को मिरा महबूब समझते होंगे

मैं समझता था मुहब्बत की ज़बाँ ख़ुश्बू है
फूल से लोग उसे ख़ूब समझते होंगे

देख कर फूल के औराक़[2] पे शबनम कुछ लोग
तेरा अश्कों भरा मकतूब[3] समझते होंगे

भूल कर अपना ज़माना ये ज़माने वाले
आज के प्यार को मायूब[4] समझते होंगे

1976

1. शैली
2. पन्ने
3. ख़त
4. बुरा, ऐबदार

18

सूरज, चन्दा जैसी जोड़ी हम दोनों
दिन का राजा रात की रानी हम दोनों

जगमग जगमग दुनिया का मेला झूठा
सच्चा सोना सच्ची चाँदी हम दोनों

इक दूजे से मिल कर पूरे होते हैं
आधी आधी एक कहानी हम दोनों

घर घर दुख सुख का इक दीपक जले बुझे
हर दीपक में तेल और बाती हम दोनों

दुनिया की ये माया कंकर पत्थर है
आँसू, शबनम, हीरा, मोती हम दोनों

चारों ओर समुन्दर बढ़ती चिन्ताएँ
लहर लहर लहराती कश्ती हम दोनों

परबत परबत बादल बादल किरन किरन
उजले पर वाले दो पंछी हम दोनों

मैं दहलीज़ का दीपक हूँ आ तेज़ हवा
रात गुज़ारें अपनी अपनी हम दोनों

1976

19

मैकदा, रात ग़म का घर निकला
दिल, हवेली तले खंडर निकला

मैं उसे ढूँढ़ता था आँखों में
फूल बन कर वो शाख़ पर निकला

किस के साये में सर छुपाओगे
वो शजर, धूप का शजर निकला

उस का आँचल भी कोई बादल था
वो हवाओं का हमसफ़र निकला

कोई काग़ज़ न था लिफ़ाफ़े में
सिर्फ़ तितली का एक पर निकला

जब से जाना कि वो बहादुर हैं
दिल से कुछ दुश्मनों का डर निकला

ज़िन्दगी एक फ़क़ीर की चादर
जब ढके पाँव हमने सर निकला

1978

20

हमारा दिल सवेरे का सुनहरा जाम हो जाये
चराग़ों की तरह आँखें जलें जब शाम हो जाये

कभी तो आसमाँ से चाँद उतरे जाम हो जाये
तुम्हारे नाम की इक ख़ूबसूरत शाम हो जाये

अजब हालात थे यूँ दिल का सौदा हो गया आख़िर
मोहब्बत की हवेली जिस तरह नीलाम हो जाये

समंदर के सफ़र में इस तरह आवाज़ दे हम को
हवायें तेज़ हों और कश्तियों में शाम हो जाये

मुझे मालूम है उस का ठिकाना फिर कहाँ होगा
परिन्दा आसमाँ छूने में जब नाकाम हो जाये

उजाले अपनी यादों के हमारे साथ रहने दो
न जाने किस गली में ज़िन्दगी की शाम हो जाये

1956

21

मुसाफ़िर के रस्ते बदलते रहे
मुक़द्दर में चलना था चलते रहे

मिरे रास्तों में उजाला रहा
दिये उसकी आँखों के जलते रहे

कोई फूल सा हाथ काँधे पे था
मिरे पाँव शो'लों पे चलते रहे

सुना है उन्हें भी हवा लग गई
हवाओं के जो रुख़ बदलते रहे

वह क्या था जिसे हम ने ठुकरा दिया
मगर उम्र भर हाथ मलते रहे

मोहब्बत, अदावत, वफ़ा, बेरुख़ी
किराये के घर थे बदलते रहे

लिपट कर चराग़ों से वो सो गये
जो फूलों पे करवट बदलते रहे

1978

22

दिल पे छाया रहा उमस की तरह
एक लम्हा था सौ बरस की तरह

वो मोहब्बत की तरह पिघलेगी
मैं भी मर जाऊँगा हवस की तरह

रात सर पर लिये हूँ जंगल में
रास्ते की ख़राब बस की तरह

आत्मा बेज़बान मैना है
और माटी का तन क़फ़स[1] की तरह

ख़ानक़ाहों[2] में ख़ाक़ उड़ती है
उर्दू वालों के केम्पस की तरह

मौत की वादियों से गुज़रूँगा
मैं पहाड़ों की एक बस की तरह

1980

1. पिंजरा
2. दरगाहों, आश्रमों

23

सरे राह कुछ भी कहा नहीं कभी उसके घर में गया नहीं
मैं जनम जनम से उसी का हूँ उसे आज तक ये पता नहीं

उसे पाक नज़रों से चूमना भी इबादतों में शुमार है
कोई फूल लाख क़रीब हो कभी मैं ने उसको छुआ नहीं

ये ख़ुदा की देन अजीब है कि इसी का नाम नसीब है
जिसे तू ने चाहा वो मिल गया जिसे मैं ने चाहा मिला नहीं

इसी शह्‌र में कई साल से मिरे कुछ क़रीबी अज़ीज़ हैं
उन्हें मेरी कोई ख़बर नहीं मुझे उन का कोई पता नहीं

1976

24

ये चिराग़ बे नज़र है ये सितारा बे ज़ुबाँ है
अभी तुम से मिलता जुलता कोई दूसरा कहाँ है

वही शख़्स जिस पे अपने दिलो जाँ निसार कर दूँ
वो अगर ख़फ़ा नहीं है तो ज़ुरूर बद गुमाँ है

कभी पा के तुझ को खोना, कभी खो के तुझ को पाना
ये जनम जनम का रिश्ता तिरे मिरे दरमयाँ है

मिरे साथ चलने वाले तुझे क्या मिला सफ़र में
वही दुख भरी ज़मीं है वही ग़म का आसमाँ है

मैं इसी गुमाँ में बरसों बड़ा मुतमइन रहा हूँ
तिरा जिस्म बेतग़इयुर[1] मेरा प्यार जाविदाँ[2] है

उन्हीं रास्तों ने जिन पर कभी तुम थे साथ मेरे
मुझे रोक रोक पूछा तिरा हम सफ़र कहाँ है

1958–75

1. अपरिवर्तनशील
2. अमर

25

सियाहियों के बने ह़र्फ़ ह़र्फ़[1] धोते हैं
ये लोग रात में काग़ज़ कहाँ भिगोते हैं

किसी की राह में दहलीज़ पर दिये न रखो
किवाड़ सूखी हुई लकड़ियों के होते हैं

चराग़ पानी में मौजों से पूछते होंगे
वो कौन लोग हैं जो कश्तियाँ डुबोते हैं

उन्हीं में खेलने आती है बेरया[2] रूहें
वो घर जो लाल, हरी दफ़्तियों के होते हैं

क़दीम[3] क़स्बों में कैसा सुकून होता है
थके थकाये हमारे बुज़ुर्ग सोते हैं

चमकती है कहीं सदियों में आँसुओं से ज़मीं
ग़ज़ल के शेर कहाँ रोज़ रोज़ होते हैं

1978

1. अक्षर
2. निष्कपट, निश्छल
3. पुराने

26

सुनो पानी में ये किसकी सदा है
कोई दरिया की तह में रो रहा है

सवेरे मेरी इन आँखों ने देखा
ख़ुदा चारों तरफ़ बिखरा पड़ा है

अँधेरी रात का तन्हा मुसाफ़िर
मिरी पलकों पे अब सहमा हुआ है

समेटो और सीने में छुपा लो
ये सन्नाटा बहुत फ़ैला हुआ है

हक़ीक़त सुर्ख़ मछली जानती है
बदन अपना सुनहरा हो चुका है

हमारी शाख़ का नौ ख़ेज़[1] पत्ता
हवा के होंट अक्सर चूमता है

मुझे उन नीली आँखों ने बताया
तुम्हारा नाम पानी पर लिखा है

1970

1. नवोदित, नवांकुरित

27

दहकती धूप समन्दर है ये जज़ीरे[1] ह
घने दरख़्त जो सड़कों पे साया करते हैं

अजीब शह्र है ये इसके आसमान पे भी
लहू में डूबे हुए सुर्ख़ सुर्ख़ कपड़े हैं

वो कोई और था शब ख़ून[2] मारने वाला
हमें न मार के हम बेज़रर[3] फ़रिश्ते हैं

ये पत्थरों का है जंगल चलो यहाँ से चलें
हमारे पास तो गीली ज़मीं के पौधे हैं

अरक़ निचोड़ने वाली मशीन प्यासी है
अभी हमारे बदन सब्ज़ कच्चे कच्चे हैं

फिर इनके नीचे दरिंदों के नाम किसने लिखे
हमें यक़ीन है ये सब हमारे चेहरे हैं

अज़ीम दुश्मनो चाक़ू चलाओ मौक़ा है
हमारे हाथ हमारी कमर के पीछे हैं

कहानियों की कई बातें सच हुई जैसे
सुनहरे शह्र समन्दर में बहते रहते हैं

1970

1. टापू
2. रात का हमला
3. हानिरहित, निरुपद्रवी

28

सब्ज़ पत्ते धूप की ये आग जब पी जायेंगे
उजले फ़र के कोट पहने हल्के जाड़े आयेंगे

गीले गीले मंदिरों में बाल खोले देवियाँ
सोचती हैं उनके सूरज देवता कब आयेंगे

सुर्ख़ नीले चाँद तारे दौड़ते हैं बर्फ़ पर
कल हमारी तरह ये भी धुंद में खो जायेंगे

दिन में दफ़्तर का क़लम मिल की मशीनें सब हैं हम
रात आयेगी तो पलकों पे सितारे आयेंगे

शाम तक मेला है पागल पेड़ पंछी किसके मीत
अपनी अपनी बोलियाँ सब बोल कर उड़ जायेंगे

दिन के इन बाग़ी फ़रिश्तों को सड़क पर जाने दो
बच गये तो शाम तक घर लौट कर आ जायेंगे

तन्हा तय करना है सबको रात का सारा सफ़र
झाड़ियों में जुगनुओं के क़ाफ़िले खो जायेंगे

1970

29

ख़ुशबुओं को तितलियों के परों में छुपाऊँगा
फिर नीले नीले बादलों में लौट जाऊँगा

दीवानावार मुझसे लिपट जायेगी हवा
मैं सुर्ख़ सुर्ख़ फूलों में जब मुस्कराऊँगा

सोने के फूल पत्ते गिरेंगे ज़मीन पर
मैं ज़र्द ज़र्द शाख़ों पे जब गुनगुनाऊँगा

वो जाके ख़ुशबुओं का बदन चूम आयेंगे
रंगों के वो फ़रिश्ते हवा में उड़ाऊँगा

ये लकड़ियाँ जो ख़ुश्क हैं बे बर्गो बार[1] हैं
इनको मैं अपनी आग में जलना सिखाऊँगा

दीनार ख़ूब बरसेंगे आँगन में सारी रात
मैं ख़्वाब के शजर की वो शाख़ें हिलाऊँगा

धुल जायेंगी बदन पे जमी धूप की तहें
अपने लहू में आज मैं ऐसा नहाऊँगा

इक पल की ज़िन्दगी मुझे बेहद अज़ीज़ है
पलकों पे झिलमिलाऊँगा और टूट जाऊँगा

1. निर्धन, निराश्रय (यहाँ जिन पर पत्ते और फल न हों से आशय है)

ये रात फिर न आयेगी बादल बरसने दे
मैं जानता हूँ सुब्ह तुझे भूल जाऊँगा

मिट्टी तिरी सदा हूँ मैं ठंडे सितारों की
ख़ामोश होंट चूमते ही डूब जाऊँगा

उस दिन बजाये ओस के टपकेगा सुर्ख़ ख़ून
तलवार लेके जब मैं ख़लाओं[2] में जाऊँगा

2. आकाश, स्पेस

जब रात के सुपुर्द मुझे करने आओगे
रूमाल रोशनी का हवा में उड़ाऊँगा

रह रह के एक फूल महकता है ख़ून में
उसको बदन की मिट्टी के नीचे दबाऊँगा

आँगन में नन्हे नन्हे फ़रिश्ते लड़ेंगे जब
भूरी शफ़ीक़[3] आँखों में मैं मुस्कुराऊँगा

3. दयालु

1970

30

उड़ती किरनों की रफ़्तार से तेज़ तर,
नीले बादल के इक गाँव में जायेंगे
धूप माथे पे अपने सजा लायेंगे
साये पलकों के पीछे छुपा लायेंगे

बर्फ़ पर तैरते रोशनी के बदन,
चलती घड़ियों की दो सुइयों की तरह
दायरे में सदा घूमने के लिये,
आहिनी[1] महवरों[2] पर जड़े जायेंगे

1. लोहे की
2. परिधि, घेर

जब ज़रा शाम कुछ बेतकल्लुफ़ हुई,
बरगज़ीदा[3] फ़रिश्तों के पर नुच गये
रात का टेप सूरज बजा दे अगर,
मोम के पाक चेहरे पिघल जायेंगे

3. बुजुर्ग

सुरमई हड्डियों, ख़ाकी[4] अश्जार[5] ने,
लौटने वालों का ख़ैर मक़दम किया
हम ने तो ये सुना था के इन लोगों पे
चाँद तारे बहोत फूल बरसायेंगे

4. माटी से संबंधित, मानव-जाति
5. वृक्ष समूह

मुख़तलिफ़[6] पेच में इक कसी शख़्सियत
याद का फूल बन कर बिखर जायेगी
धूप के चमचमाते हुए हाथ जब,
नीम के फूल सड़कों पे बरसायेंगे

6. विभिन्न, पृथक

1970

31

कच्चे फल कोट की जेब में ठूँस कर
जैसे ही मैं किताबों की जानिब बढ़ा
गैलरी में छुपी दोपहर ने मुझे,
नारियल की तरह तोड़ कर पी लिया

पटरियों पर खड़े दो नये डब्बों ने,
जिस घड़ी तय किया हम न होंगे जुदा
सब्ज़ पलकें झुकीं, देव आगे बढ़ा,
एक डब्बा अकेला खड़ा रह गया

धुन्द की बन्द पलकें कतरते हुए
सायकिल पर चलीं धूप की क़ैंचियाँ
रंग वाली हवाओं के कुर्ते उड़े,
सुब्ह का सायरन दे रहा है सदा

बन्द पलकों पे जो फूल रख कर कहे
आओ हम बर्फ़ की चोटियों पर चलें
सब्ज़ क़ालीन पर धूप लेटी हुई,
सोचती है न जाने वो कब आयेगा

एक मानूस[1] बे नाम कोहरे में सब,
अपने अन्दर ही अन्दर सुलगने लगे
उनके सीनों पे जब सुरमई शाम ने
दर्द का पाक लोबान सुलगा दिया

रेशमी बालों वाले किसी फूल की,
गर्म टोपी फँसी झाड़ियों में मिली
सुर्ख़ ख़रगोश के वो तआक़ुब[2] में गुम
वादियों में उतरता चला ही गया

1970

1. परिचित

2. पीछा करना

32

चल मुसाफ़िर, बत्तियाँ जलने लगीं
आसमानी घंटियाँ बजने लगीं

खिल रहा है शाम का काला गुलाब
ज़र्द सूखी पत्तियाँ झड़ने लगीं

सुर्ख़, धानी, सब्ज़, नीली, दूधिया
शाम आई बत्तियाँ जलने लगीं

दिन के सारे कपड़े ढीले हो गये
रात की सब चोलियाँ कसने लगीं

रात इक तालाब के आईने में
झिलमिलाती कश्तियाँ चलने लगीं

डूब जायेंगे सभी दरया, पहाड़
चाँदनी की नद्दियाँ चढ़ने लगीं

बन्द कर लो दर, दरीचे, खिड़कियाँ
फिर हवा में सीटियाँ बजने लगीं

जामुनों के बाग़ पर छाई घटा
ऊदी ऊदी[1] लड़कियाँ हँसने लगीं

1. जामुनी

शाख़ थी कमज़ोर शायद इसलिए
पत्तियों पर पत्तियाँ मरने लगीं

रात की तन्हाइयों को सोच कर
चाय की दो प्यालियाँ हँसने लगी

दौड़ते हैं फूल, बस्तों को दबाये
पाँव पाँव तितलियाँ चलने लगीं
1971

33

लहू पुकारता है रोशनी के पैकर दे
ज़मीन चीख़ रही है हमें पयम्बर दे

ये आब सीधा चला जा रहा है बढ़ता हुआ
कोई चटान बने सीना सामने कर दे

कहाँ से ज़हन में इक दम मिरे ख़्याल आया
गिलास ख़ाली है इस में कोई लहू भर दे

ज़रा सा सर है मगर उसमें एक सहरा है
इसी तरह मिरी आवाज़ को समन्दर दे

तमाम तारों को छूता हुआ गुज़र जाऊँ
कमान बन के मुझे तीर सा रवाँ कर दे

ये अब कि ख़ुद पे गिरा कर शहीद हो जायें
ख़ला में सहमी अबाबीलों को वो पत्थर दे

अँधेरे कमरे में सब लोग अब बरहना हैं
किसी का हाथ बढ़े और रोशनी कर दे

खुले से लान में सब लोग बैठें चाय पियें
दुआ करो कि ख़ुदा हम को आदमी कर दे

1971

34

अपनी जगह जमे हैं कहने को कह रहे थे
सब लोग वरना बहते दरया में बह रहे थे

ऐसा लगा कि हम तुम कोहरे में चल रहे हों
दो फूल ऊँची नीची लहरों पे बह रहे थे

दिल उजले पाक फूलों से भर दिया था किसने
उस दिन हमारी आँखों से अश्क बह रहे थे

अक्सर शराब पी कर पढ़ती थी वो दुआयें
हम एक ऐसी लड़की के साथ रह रहे थे

अख़बार में तो ऐसी कोई ख़बर नहीं थी
झुलसे मकान झूठे अफ़्साने कह रहे थे

1971

35

हवा में ढूँढ़ रही है कोई सदा मुझको
पुकारता है पहाड़ों का सिलसिला मुझको

मैं आसमानो ज़मीं की हदें मिला देता
कोई सितारा अगर झुक के चूमता मुझको

चिपक गये मिरे तलवों से फूल शीशे के
ज़माना खींच रहा था बरहना पा मुझको

वो शहसवार बड़ा रहम दिल था मेरे लिये
बढ़ा के नेज़ा ज़मीं से उठा लिया मुझको

मकान, खेत, सभी आग की लपेट में थे
सुनहरी घास में उसने छुपा दिया मुझको

दबीज़[1] होने लगी सब्ज़ काई की चादर
न चूम पायेगी अब सरफिरी हवा मुझको

1. मोटी

पिला के रात का रस राक्षस बनाती थी
सवेरे लोगों से कहती थी देवता मुझको

तू एक हाथ में ले आग एक में पानी
तमाम रात हवा में जला बुझा मुझको

बस एक रात में सरसब्ज़ ये ज़मीन हुई
मिरे ख़ुदा ने कहाँ तक बिछा दिया मुझको

1971

36

दहकते नेज़ों से ये रात हमला कर देगी
सजा के चाँद की कश्ती में मेरा सर देगी

चढ़ेगा सूखे बदन में लहू का फ़व्वारा
ये सुर्ख़ चाँदनी, ख़ाली गिलास भर देगी

थिरकते मछ्ली, निकल कर सरकते कपड़ों से
तमाम रात को अब बे लिबास कर देगी

ये नर्म बिल्ली जो सोई है मेरे सीने पर
मैं सो गया तो कलेजा ही चाक कर देगी

इसी ख़याल से पत्थर है बीच पानी में
कोई तो मौज, गुहर की उसे ख़बर देगी

बहार अब के लहू के चढ़े समन्दर को
क़लम किये हुए बाज़ू, बुरीदा[1] सर देगी

बदन के पेड़ को ख़ुद उसकी शाख़ काटेगी
यही तराश ज़मी को नया शजर देगी

तवाफ़[2], दायरे का पहली बार टूटा है
ये रहगुज़र हमें इक और रहगुज़र देगी

चढ़ा के पीठ पे बकरी के बच्चे घूमेंगे
ये दुनिया अब हमें सरकस का शेर कर देगी

1969

1. कटा हुआ

2. परिक्रमा

37

चाँद हाथ में भर कर जुगनुओं के सर काटो और आग पर रख दो
मोमबत्ती की रानें जब ब्लेड से खुल जायें चाकुओं के सर रख दो

मैं घना अँधेरा हूँ आज मेरी पलकों पर जुगनुओं के घर रख दो
ख़ुशबुओं से नहला दो इन सुलगती आँखों पर तितलियों के पर रख दो

मैं भी एक शजर ही हूँ जिस पे आज तक शायद फूल फल नहीं आये
तुम मिरी हथेली पर एक रात चुपके से बर्फ़ के समर[1] रख दो

1. फल

धूप का हरा बजरा आग के समन्दर में चल पड़ा हमें लेने
नर्मोगर्म होंटों से बन्द होती पलकों पर तितलियों के पर रख दो

चाहे कोई मौसम हो दिन गई बहारों के फिर से लौट आयेंगे
एक फूल की पत्ती अपने होंटों पर रख कर मेरे होंट पर रख दो

मेरा तन दरख़्तों में इसलिए झुलसता है सख़्त धूप सहता है
क्या पता तुम आ निकलो और मेरे काँधों पर थक के अपना सर रख दो

रोज़ तार कटने से रात के समन्दर में शह्र डूब जाता है
इसलिए ज़रूरी है इक दिया जला कर तुम दिल के ताक़ पर रख दो

1958–72

(कुछ शे'र 58 में कहे गये हैं कुछ 72 में)

38

ज़मीं से आँच ज़मीं तोड़कर निकलती है
अजीब तिश्नगी इन बादलों से बरसी है

मिरी निगाह मुख़ातिब से बात करते हुए
तमाम जिस्म के कपड़े उतार लेती है

हमारे अहद[1] में नायाब है बचाये रहो
तुम्हारी आँख में इक चीज़ जो चमकती है

सरों पे धूप की गठरी उठाये फिरते हैं
दिलों में जिनके बड़ी सर्द रात होती है

खड़े खड़े मैं सफ़र कर रहा हूँ बरसों से
ज़मीन पाँव के नीचे कहाँ ठहरती है

हवा हमारे ही सीने में आये जाये है
बुलन्द चाँद सितारे ज़मीन गहरी है

बिखर रही है मिरी रात उसके शानों पर
किसी की सुब्ह मिरे बाज़ुओं में सोती है

पिघल रही हैं चटाने नहीफ़[2] बाँहों में
बदन में प्यार के कैसी अजीब गर्मी है

हवा के आँख नहीं, हाथ और पाँव नहीं
इसीलिए वो सभी रास्तों पे चलती है

1972

1. युग
2. कमज़ोर

39

सब आने वाले बहला कर चले गये
आँखों पर शीशे चमका कर चले गये

मलबे के नीचे आकर मालूम हुआ
सब कैसे दीवार गिराकर चले गये

लोग कभी लौटेंगे राख बटोरेंगे
जंगल में जो आग लगा कर चले गये

मैं था, दिन था और इक लम्बा रस्ता था
सब ख़ेमे जब लोग उठा कर चले गये

चट्टानों पर आकर ठहरे दो रस्ते
फिर आगे इक राह बना कर चले गये

बर्फ़ में रक्खी ठंडी बोतल चिपक गई
ख़ौफ़ दिलों में लोग दबा कर चले गये

जब दो नाली ने रुख़ फेरा सब ग़ाज़ी
अपने अपने हाथ उठा कर चले गये

जाने कब डोंगों में महकेंगे तारे
कितने सूरज हाथ धुला कर चले गये

गारे, चूने पत्थर के दुश्मन देखो
आहन की दीवार बना कर चले गये

पत्थर जैसे मछली के कूल्हे चमके
गंगा जल में आग लगा कर चले गये

सात सितारे उड़ते घोड़ों पर आये
पल्कों से कुछ फूल चुरा कर चले गये

दीवारें, दीवारों की जानिब सरकीं
छत से बिस्तर लोग उठा कर चले गये

कुछ ऐसे बच्चे भी आये मकतब में
नाम लिखाया नाम लिखा कर चले गये

तितली भागे तितली के पीछे पीछे
फूल आये और फूल चुरा कर चले गये

सर्दी आई लोग पहाड़ों को भूले
पत्थर पर शीशे बिखरा कर चले गये

रात हवा के ऐसे झोंके दर आये
भरी हुई छागल छलका कर चले गये

1971

40

याद अब ख़ुद को आ रहे हैं हम
कुछ दिनों तक ख़ुदा रहे हैं हम

आरज़ूओं के सुर्ख़ फूलों से
दिल की बस्ती सजा रहे हैं हम

आज तो अपनी ख़ामुशी में भी
तेरी आवाज़ पा रहे हैं हम

बात क्या है कि फिर ज़माने को
याद रह रह के आ रहे हैं हम

जो कभी लौट कर नहीं आते
वो ज़माने बुला रहे हैं हम

ज़िंदगी अब तो सादगी से मिल
बाद सदियों के आ रहे हैं हम

अब हमें देख भी न पाओगे
इतने नज़दीक आ रहे हैं हम

ग़ज़लें अब तक शराब पीती थीं
नीम का रस पिला रहे हैं हम

धूप निकली है मुद्दतों के बाद
गीले जज़्बे सुखा रहे हैं हम

फ़िक्र की बे लिबास शाख़ों पर
फ़न की पत्ती लगा रहे हैं हम

सर्दियों में लिहाफ़ से चिमटे
चाँद तारों पे जा रहे हैं हम

ज़ीस्त की एक बर्फ़ी लड़की को
'नूरओ नामा'[1] पढ़ा रहे हैं हम

1.मजहबी क़िताब

उस ने पूछा हमारे घर का पता
काफ़ी हाउस बुला रहे हैं हम

कंधे उचका के बात करने में
मुनफ़रद[2] होते जा रहे हैं हम

2. अद्वितीय, अनोखा

चुस्त कपड़ों में जिस्म जाग पड़े
रूहो दिल को सुला रहे हैं हम

कोई शोला है कोई जलती आग
जल रहे हैं जला रहे हैं हम

टेड़ी तहज़ीब, टेड़ी फ़िक्रो नज़र
टेड़ी ग़जलें सुना रहे हैं हम

1970

41

हम-से मुसाफ़िरों का सफ़र इंतज़ार है
सब खिड़कियों के सामने लम्बी क़तार है

चमकीली सब्ज़ आँखें बहुत दूर जा चुकीं
किन घँटियों का रास्तों को इंतज़ार है

बाँसों के जंगलों में वही तेज़ बू मिली
जिन का हमारी बस्तियों में कारोबार है

आवाज़ फड़फड़ा के वहीं दफ़्न हो गई
सीने में ग़ालिबन कोई बिजली का तार है

सूरज बरीदा सर है ज़मीं के शहीद का
ये धूप उस के ज़र्द बदन की बहार है

ग़ुब्बारा फट रहा है हवाओं के ज़ोर से
दुनिया को अपनी मौत का अब इन्तज़ार है

झाँका हक़ीर[1] क़तरे ने नेज़े की नौक से
नीचे सियाह रात का बे अन्त ग़ुबार है

किस रोशनी के शह्र से गुज़रे हैं तेज़ रौ
नीले समन्दरों पे सुनहरा ग़ुबार है

आई निदा[2] वो उड़ते सितारे उधर मुड़े
इन बदलियों के पीछे कोई कोहसार[3] है

1970

1. तुच्छ
2. आवाज़
3. पर्वत

42

इस ज़ख़्मी प्यासे को इस तरह पिला देना
पानी से भरा शीशा पत्थर पे गिरा देना

इन पत्तों ने गर्मी भर साये में हमें रक्खा
अब टूट के गिरते हैं बेहतर है जला देना

छोटे क़दो क़ामत पे मुमकिन है हँसे जंगल
इक पेड़ बहुत लम्बा है उसको गिरा देना

मुमकिन है के इस तरह बहशत में कमी आये
इन सोये दरख़्तों में तुम आग लगा देना

अब दूसरों की ख़ुशियाँ चुभने लगीं आँखों में
ये बल्ब बहुत रोशन है इस को बुझा देना

बारीक़ कफ़न पहने तुम छत पे चली जाओ
जब भीड़ सी लग जाये ये परदा उठा देना

वो जैसे ही दाख़िल हो सीने से मिरे लग कर
तुम कोट के कालर पर इक फूल लगा देना

इस बदमज़ा चाये में सब ज़ायके पायेंगे
इक सोने के चमचे को हर कप में चला देना

1970

43

हमारा दर्द हमारी दुखी नवा से लड़े
सुलगती आग कभी सरफिरी हवा से लड़े

मैं जानता हूँ कि अंजाम कार क्या होगा
अकेला पत्ता अगर रात भर हवा से लड़े

समझना बादलों में घिर गया है मेरा जहाज़
लहू में तर कोई ताइर[1] अगर हवा से लड़े — 1. परिन्दा

मेरे अज़ीज़ मुझे क़त्ल करके फेंक आते
भला हुआ कि मेरे लब मेरी सदा से लड़े

सुनहरी मछलियाँ बादल में कौंध जाती हैं
बदन वही है जो बंदिश में भी क़बा[2] से लड़े — 2. चोला

तमाम रात की खूँरेज़ जंग का हासिल
बहुत अँधेरा था अपने ही दस्तो–पा से लड़े

तुम्हारे शह्र में क्या हो गया था, जिसके लिए
'बशीर' रात रहे रात भर ख़ुदा से लड़े

1970–71

44

अपने पहाड़ ग़ैर के गुलज़ार हो गये
ये भी हमारी राह की दीवार हो गये

फल पक चुका है शाख़ पे गर्मी की धूप में
हम अपने दिल की आग में तैयार हो गये

हम पहले नर्म पत्तों की इक शाख़ थे मगर
काटे गये हैं इतने के तलवार हो गये

बाज़ार में बिकी हुई चीजों की माँग है
हम इस लिये ख़ुद अपने ख़रीदार हो गये

ताज़ा लहू भरा था सुनहरे गुलाब में
इन्कार करने वाले गुनहगार हो गये

वो सरकशों[1] के पाँव की ज़ंजीर थे कभी
अब बुज़दिलों के हाथ में तलवार हो गये

1971

1. सर उठाकर चलने वाला

45

हम को भी अपनी मौत का पूरा यक़ीन है
पर दुश्मनों के मुल्क में इक महजबीन है

सर पर खड़े हैं चाँद सितारे बहुत मगर
इन्सान का जो बोझ़ उठा ले ज़मीन है

ये आख़री चराग़ उसी को बुझाने दो
इस बस्ती में वो सब से ज़ियादा हसीन है

तकिये के नीचे रखता है तस्वीर की किताब
तहरीरो गुफ़्तुगू में जो इतना मतीन[1] है

अश्कों की तरह थम गईं जज़्बों की नागिनें
बेदार मेरे होंटों पे लफ़्ज़ों की बीन है

यारों ने जिस पे अपनी दुकानें सजाई हैं
ख़ुशबू बता रही है हमारी ज़मीन है

तफ़सील क्या बतायें हमारे भी अहद में
तादाद शाइरों की वही 'पौने तीन' है

1972

1. सुसंस्कृत

46

सुब्ह होती है छुपा लो हमको
रात भर चाहने वालो हमको

हम हक़ीक़त हैं नज़र आते हैं
दास्तानों में छुपा लो हमको

दिल न पा जाये कहीं शब का राज़
सुब्ह से पहले उठा लो हमको

हम ज़माने के सताये हैं बहुत
अपने सीने से लगा लो हमको

वक्त के होंट हमें छू लेंगे
अन कहे बोल हैं गा लो हमको

कल ख़रीदारों के पहरे होंगे
आज की रात चुरा लो हमको

1972

47

ख़ुश रहे या बहुत उदास रहे
ज़िन्दगी तेरे आस-पास रहे

वो नहीं है तो उसकी आस रहे
एक जाये तो एक पास रहे

जब भी कसने लगा उतार दिया
इस बदन पर कई लिबास रहे

घुल गए अपनी बदनसीबी में
वो सितारे जो अपने पास रहे

आज हम सबके साथ ख़ूब हँसे
और फिर देर तक उदास रहे

दोनों एक दूसरे का मुँह देखें
आईना आईने के पास रहे

1970

48

फूल सा कुछ कलाम और सही
इक ग़ज़ल उस के नाम और सही

उस की ज़ुल्फ़ें बहुत घनेरी हैं
एक शब का क़याम[1] और सही

ज़िन्दगी के उदास क़िस्से में
एक लड़की का नाम और सही

कुर्सियों को सुनाइये ग़ज़लें
क़त्ल की एक शाम और सही

कँपकँपाती है रात सीने में
ज़ह्र का एक जाम और सही

1970

1. ठहरना

49

आया ही नहीं हम को आहिस्ता गुज़र जाना
शीशे का मुक़द्दर है टकरा के बिखर जाना

तारों की तरह शब के सीने में उतर जाना
आहट न हो क़दमों की इस तरह गुज़र जाना

नश्शे में सँभलने का फ़न यूँ ही नहीं आता
इन ज़ुल्फ़ों से सीखा है लहरा के सँवर जाना

भर जायेंगे आँखों में आँचल से बँधे बादल
याद आयेगा जब गुल पर शबनम का बिखर जाना

हर मोड़ पे दो आँखें हम से यही कहती हैं
जिस तरह भी मुमकिन हो तुम लौट के घर जाना

पत्थर को मिरा साया आईना सा चमका दे
जाना तो मिरा शीशा यूँ दर्द से भर जाना

ये चाँद सितारे तुम औरों के लिये रख लो
हम को यहीं जीना है हम को यहीं मर जाना

जब टूट गया रिश्ता सर सब्ज़ पहाड़ों से
फिर तेज़ हवा जाने किस को है किधर जाना

1970

50

हर रोज़ हमें मिलना हर रोज़ बिछड़ना है
मैं रात की परछाईं तू सुब्ह का चेहरा है

आलम का ये सब नक़शा बच्चों का घरौंदा है
इक ज़र्रे के क़ब्ज़े में सहमी हुई दुनिया है

हम राह चलो मेरे या राह से हट जाओ
दीवार के रोके से दरया कहीं रुकता है

51

जो इधर से जा रहा है वही मुझ पर मेह्रबाँ है
कभी आग पासबाँ है, कभी धूप सायबाँ है

बड़ी आरज़ू थी मुझ से कोई ख़ाक रो के कहती
उतर आ मेरी ज़मीं पर तू ही मेरा आसमाँ है

मैं इसी गुमां में बरसों बड़ा मुतमइन रहा हूँ
तिरा जिस्म बे तग़इयुर मिरा प्यार जाविदाँ है

कभी सुर्ख़ मोमी शम्अें वहाँ फिर से जल सकेंगी
वो लखौरी ईंटों वाला जो बड़ा सा इक मकाँ है

सभी बर्फ़ के मकानों पे कफ़न बिछे हैं लेकिन
ये धुआँ बता रहा है अभी आग भी यहाँ है

कोई आग जैसे कोहरे में दबी दबी से चमके
तिरी झिलमिलाती आँखों में अजीब सा समाँ है

इन्हीं रास्तों ने जिन पर कभी तुम थे साथ मेरे
मुझे रोक रोक पूछा तिरा हम सफ़र कहाँ है

52

साये उतरे, पंछी लौटे, बादल भी छाने वाला है
लेकिन मैं वो टूटा तारा जो घर से जाने वाला है

फिर सुब्ह हुई आँखें खोलें, कपड़े बदलें, फ़ीते बाँधे
उस शह्र के बारे में सोचें जो शह्र अब आने वाला है

कल शब इक वीराँ मस्जिद में उस ने मेरे आँसू पोंछे
जो हम सब की सूखी शाख़ों पर फूल खिलाने वाला है

दिल के ये दोनों दरवाज़े कभी नहीं बेनूर हुए हैं
सदियों से इस उजड़े घर में इक दिया जलाने वाला है

मैं वो शबनम जो फूलों की आँखों में रहे और ये सोचे
ऐसा लगता है जैसे अब सब हाथ से जाने वाला है

हम रेत के जलते ज़र्रों को ये धूप ही चमकाये वरना
दरया कतराने वाला है, बादल तरसाने वाला है

जुगनू चमके तो मैं चौंकूँ, तारा निकले तो मैं सहमूँ
जैसे हर कोई मेरे ही घर आग लगाने वाला है

जिस छप्पर के नीचे गाँव के बूढ़े हुक़्क़ा पीते रहते हैं
उस छत में इक पागल लड़का अब आग लगाने वाला है

जिस आईने को पर्स में तुम रक्खे फिरते थे टूट गया
ये धूप का शीशा आँखों पर नेज़े चमकाने वाला है

53

मुझे भुलाये कभी याद करके रोये भी
वो अपने आप को बिखराये और पिरोये भी

बहुत ग़ुबार भरा था दिलों में दोनों के
मगर वो एक ही बिस्तर पे रात सोये भी

बहुत दिनों से नहाये नहीं है आँगन में
कभी तो राह की बारिश हमें भिगोये भी

ये तुमसे किसने कहा रात से मैं डरता हूँ
ज़रूर आये मेरे बाज़ुओं में सोये भी

वो नौजवाँ तो जवानी की नींद में गुम था
बहुत पुकारा, झंझोड़ा, लिपट के रोये भी

यक़ीन जानिये अहसास तक न होगा हमें
नसों में सूईयाँ कोई अगर चुभोये भी

1970

54

शबनम हूँ सुर्ख़ फूल पे बिखरा हुआ हूँ मैं
दिल मोम और धूप में बैठा हुआ हूँ मैं

कुछ देर बाद राख मिलेगी तुम्हें यहाँ
लौ बनके इस चराग़ से लिपटा हुआ हूँ मैं

दो सख़्त ख़ुश्क रोटियाँ कब से लिये हुए
पानी के इन्तिज़ार में बैठा हुआ हूँ मैं

लादी उठा के घाट पे जाने लगे हिरन
कैसे अजीब दौर में पैदा हुआ हूँ मैं

नस नस में फैल जाऊँगा बीमार रात की
पलकों पे आज शाम से सिमटा हुआ हूँ मैं

औराक़[1] में छिपाती थी, अक्सर वो तितलियाँ
शायद किसी किताब में रक्खा हुआ हूँ मैं

दुनिया है बेपनाह तो भरपूर ज़िन्दगी
दो औरतों के बीच में लेटा हुआ हूँ मैं

1. पन्ने

55

कोई जाता है यहाँ से न कोई आता है
ये दिया अपने अँधेरे में घुटा जाता है

सब समझते हैं वही रात की क़िस्मत होगा
जो सितारा कि बुलन्दी पे नज़र आता है

बिल्डिंगें लोग नहीं हैं जो कहीं भाग सकें
रोज़ इन्सानों का सैलाब बढ़ा जाता है

मैं इसी खोज में बढ़ता ही चला जाता हूँ
किसका आँचल है जो कोहसारों पे लहराता है

मेरी आँखों में है इक अब्र[1] का टुकड़ा शायद
कोई मौसम हो सरेशाम बरस जाता है

दे तसल्ली जो कोई आँख छलक उठती है
कोई समझाए तो दिल और भी भर आता है

अब्र के खेत में बिजली की चमकती हुई राह
जाने वालों के लिए रास्ता बन जाता है

1970

1. बादल

56

गुलों की तरह हम ने ज़िंदगी को इस क़दर जाना
किसी की ज़ुल्फ़ में इक रात सोना और बिखर जाना

अगर ऐसे गये तो ज़िंदगी पर ह.र्फ़ आयेगा
हवाओं से लिपटना तितलियों को चूम कर जाना

धुनक के रख दिया था बादलों को जिन परिन्दों ने
उन्हें किस ने सिखाया अपने साये से भी डर जाना

कहाँ तक ये दिया बीमार कमरे की फ़िज़ा बदले
कभी तुम एक मुट्ठी धूप इन ताक़ों में भर जाना

इसी में आफ़िअत है घर में अपने चैन से बैठो
किसी की सिम्त जाना हो तो रस्ते में उतर जाना

1970

57

क़दम जमाना है और सब के साथ चलना भी
हम अपनी राह का पत्थर हैं और दरया भी

बहुत ज़हीन ओ ज़मानाशनास[1] था लेकिन
वो रात बच्चों की सूरत लिपट के रोया भी

ये ख़ुश्क शाख़ न सर सब्ज़ हो सकी उसने
मुझे गले से लगाया पलक से चूमा भी

चराग़ जलने से पहले हमें पहुँचना है
ढके हुए हैं पहाड़ों को आज कोहरा भी

हज़ारों मील का मंज़र है इस नगीने में
ज़रा सा आदमी दरया है और सहरा भी

वही शरारा[2] के जिस से झुलस गईं पलकें
सितारा बन के मिरी रात में वो चमका भी

असर वही हुआ आख़िर अगरचे पहले पहल
हवा का हाथ गुलों के बदन पे फिसला भी

उन्हें तो हिफ़्ज़[3] थे सब अपने लोग नाम बनाम
हमीं को याद न आया किसी का चेहरा भी

1. ज़माने को पहचानने वाला
2. चिन्गारी
3. याद

हम अपना घर भी न अब ढूँढ़ पायेंगे शायद
अगर हमारा हुआ उस तरफ को फेरा भी

अभी ज़माने से शायद हो सौ बरस पीछे
तुम्हारा दिल भी सलामत है और चेहरा भी

मगर जो फ़ासला पहले था और बढ़ता गया
मैं उस के पास गया वो इधर से गुज़रा भी

1970

58

चाँद का टुकड़ा न सूरज का नुमाइंदा हूँ
मैं न इस बात पे नाज़ाँ हूँ न शर्मिंदा हूँ

दफ़न हो जायेगा जो सैकड़ों मन मिट्टी में
ग़ालिबन मैं भी उसी शहर का बाशिन्दा हूँ

जिंदगी तू मुझे पहचान न पाई लेकिन
लोग कहते हैं कि मैं तेरा नुमाइंदा हूँ

फूल सी क़ब्र से अक्सर ये सदा आती है
कोई कहता है बचा लो मैं अभी ज़िन्दा हूँ

तन पे कपड़े हैं क़दामत[1] की अलामत और मैं
सर बरहना यहाँ आ जाने पे शर्मिंदा हूँ

वाक़ई इस तरह मैं ने कभी सोचा ही नहीं
कौन है अपना यहाँ किस के लिये ज़िन्दा हूँ
1970

1. प्राचीन

59

किसे ख़बर थी तुझे इस तरह सजाऊँगा
ज़माना देखेगा और मैं न देख पाऊँगा

हयातो मौत फ़िराक़ो विसाल सब यकजा
मैं एक रात में कितने दिये जलाऊँगा

पला बढ़ा हूँ अभी तक इन्हीं अन्धेरों में
मैं तेज़ धूप सें कैसे नज़र मिलाऊँगा

मिरे मिज़ाज की ये मादराना फितरत है
सवेरे सारी अज़ीयत[1] मैं भूल जाऊँगा

1. दु:ख

तुम एक पेड़ से बाबस्ता हो मगर मैं तो
हवा के साथ बहोत दूर दूर जाऊँगा

मिरा ये अहद है मैं आज शाम होने तक
जहाँ से रिज़्क़ लिखा है वहीं से लाऊँगा

1970

60

कोई न जान सका वो कहाँ से आया था
और उसने धूप से बादल को क्यों मिलाया था

ये बात लोगों को शायद पसंद आई नहीं
मकान छोटा था लेकिन बहुत सजाया था

वो अब वहाँ है जहाँ रास्ते नहीं जाते
मैं जिस के साथ यहाँ पिछले साल आया था

सुना है उस पे चहकने लगे परिन्दे भी
वो एक पौधा जो हमने कभी लगाया था

चराग़ डूब गये कपकपाये होंटों पर
किसी का हाथ हमारे लबों तक आया था

बदन को छोड़ के जाना है आसमाँ की तरफ़
समन्दरों ने हमें ये सबक़ पढ़ाया था

तमाम उम्र मिरा दम इसी धुएँ में घुटा
वो इक चिराग़ था मैं ने उसे बुझाया था

1970

61

हमारी शोहरतों की मौत बे नामो निशाँ होगी
न कोई तज़किरा[1] होगा न कोई दास्ताँ होगी 1. चर्चा

अगर मैं लौटना चाहूँ तो क्या मैं लौट सकता हूँ
वो दुनिया साथ जो मेरे चली थी अब कहाँ होगी

परिन्दे अपनी मिनकारों[2] में सब तारे छुपा लेंगे 2. चोंच
जवानी चार दिन की चाँदनी है फिर कहाँ होगी

दरख़्तों की ये छालें भी उतर जायेंगी पत्ते क्या
ये दुनिया धीरे धीरे एक दिन फिर से जवाँ होगी

हवायें रोयेंगी सर फोड़ लेंगी इन पहाड़ों से
कभी जब बादलों में चाँद की डोली रवाँ होगी

किसे मालूम था हम लोग इक बिस्तर पे सोयेंगे
हिफ़ाज़त के लिये तलवार अपने दरम्याँ होगी

पसीना बन्द कमरे की उमस का जज़्ब है इसमें
हमारे तौलिये में धूप की ख़ुश्बू कहाँ होगी

किसी गुमनाम पत्थर पर बहुत से नाम लिख दोगे
तो क़ुर्बानी हमारी इस तरह से जाविदाँ होगी

ज़मीनें तो मिरे अजदाद[3] ने सारी गवाँ दी हैं 3. पूर्वज
मगर ये एक मुट्ठी ख़ाक ख़ुद अपना निशाँ होगी

समन्दर बूढ़े हो जायेंगे और इर फ़ाहिशा मछली
हमारे साहिलों और जंगलों की हुक्मराँ होगी

1970

62

सीने में आग, आग में आहन भी चाहिए
रिमझिम बरसता बातों से सावन भी चाहिए

तलवार तोड़ने से तला.फ़ी कहाँ हुई
इन बुज़दिलों के हाथ में कंगन भी चाहिए

सीने में आफ़ताब सा इक दिल ज़ुरूर हो
हर घर में एक़ धूप का आँगन भी चाहिए

सूरज ख़ुद अपनी आग से सूरज है आज तक
इंसान के मिज़ाज में उलझन भी चाहिए

इस .फ़ाइशा ज़मीं के लिये आस्माँ बनो
दुनिया समेट लेने को दामन भी चाहिए

कोई .फ़क़ीर हूँ जो कटोरा लिये फिरूँ
खाने के साथ खाने के बर्तन भी चाहिए

यूँ ज़िन्दगी के सीने से आँचल न खींचिए
सच्चाइयों में झूठ का कुछ .फ़न भी चाहिए

बच्चों के साथ झाड़ियों में जुगनू ढूँढिये
दिल के मुआमलात में बचपन भी चाहिए

हम आदमी हैं या कोई बेहिस चटान हैं
दिल में किसी के नाम की धड़कन भी चाहिए

राहें रवायतों की अगर रौंदने चलूँ
सर पर मुझे बुज़ुर्गों का दामन भी चाहिए

1970

63

मोहब्बतों में दिखावे की दोस्ती न मिला
अगर गले नहीं मिलता तो हाथ भी न मिला

घरों पे नाम थे, नामों के साथ ओहदे थे
बहुत तलाश किया कोई आदमी न मिला

तमाम रिश्तों को मैं घर पे छोड़ आया था
फिर उस के बाद मुझे कोई अजनबी न मिला

ख़ुदा की इतनी बड़ी कायनात में मैं ने
बस एक शख़्स को माँगा मुझे वही न मिला

बहुत अजीब है ये क़ुरबतों[1] की दूरी भी
वो मेरे साथ रहा और मुझे कभी न मिला।

1. नजदीकियाँ

64

लोग टूट जाते हैं एक घर बनाने में
तुम तरस नहीं खाते बस्तियाँ जलाने में

और जाम टूटेंगे इस शराब ख़ाने में
मौसमों के आने में मौसमों के जाने में

हर धड़कते पत्थर को लोग दिल समझते हैं
उम्रें बीत जाती हैं दिल को दिल बनाने में

फ़ाख़्ता की मजबूरी ये भी कह नहीं सकती
कौन साँप रखता है उस के आशियाने में

दूसरी कोई लड़की ज़िन्दगी में आयेगी
कितनी देर लगती है उसको भूल जाने में

65

सर झुकाओगे तो पत्थर देवता हो जायेगा
इतना मत चाहो उसे वो बेवफ़ा हो जायेगा

हम भी दरिया हैं हमें अपना हुनर मालूम है
जिस तरफ़ भी चल पड़ेंगे रास्ता हो जायेगा

कितनी सच्चाई से मुझ से ज़िन्दगी ने कह दिया
तू नहीं मेरा तो कोई दूसरा हो जायेगा

मैं ख़ुदा का नाम लेकर पी रहा हूँ दोस्तो
ज़ह्‌र भी इस में अगर होगा, दवा हो जायेगा

सब उसी के हैं हवा, ख़ुश्बू, ज़मीनो आस्माँ
मैं जहाँ भी जाऊँगा उसको पता हो जायेगा

1988

66

ग़ज़लों का हुनर अपनी आँखों को सिखायेंगे
रोयेंगे बहुत लेकिन, आँसू नहीं आयेंगे

कह देना समन्दर से हम ओस के मोती हैं
दरिया की तरह तुझ से मिलने नहीं आयेंगे

वो धूप के छप्पर हों या छाँव की दीवारें
अब जो भी उठायेंगे मिल जुल के उठायेंगे

जब साथ न दें कोई आवाज़ हमें देना
हम फूल सही लेकिन पत्थर भी उठायेंगे

1988

67

आँसुओं से धुली ख़ुशी की तरह
रिश्ते होते हैं शायरी की तरह

हम ख़ुदा बन के आयेंगे वरना
हम से मिल जाओ आदमी की तरह

बर्फ़ सीने की जैसे जैसे गली
आँख खुलती गई कली की तरह

जब कभी बादलों में घिरता है
चाँद लगता है आदमी की तरह

किसी रोज़न[1] किसी दरीचे से
सामने आओ रोशनी की तरह

सब नज़र का फ़रेब है वरना
कोई होता नहीं किसी की तरह

ख़ूबसूरत उदास ख़ौफ़ज़दा
वो भी है बीसवीं सदी की तरह

जानता हूँ कि एक दिन मुझको
वो बदल देगा डायरी की तरह

1957

68

सर दर्द जैसे नींद के सीने पे सो गया
इन फूल जैसे हाथों ने माथा जुँही छुआ

इक लड़की एक लड़के के काँधे पे सोई थी
मैं उजली धुँधली यादों के कुहरे में खो गया

सन्नाटे आये दरजों में झाँका, चले गये
गर्मी की छट्टियाँ थीं वहाँ कोई भी न था

टहनी गुलाब की मिरे सीने से लग गई
झटके के साथ कार का रुकना ग़ज़ब हुआ

1962

1. खिड़की

69

जब तक निगारे दश्त का सीना दुखा न था
सहरा में कोई लालए सहरा खिला न था

दो झीलें उस की आँखों में लहरा के सो गईं
उस वक्त मेरी उम्र का दरया चढ़ा न था

जागी न थीं नसों में तमन्ना की नागिनें
उस गन्दुमी[1] शराब को जब तक चखा न था

ढूँढ़ा करो जहाने तहैयुर[2] में उम्र भर
वो चलती फिरती छाँव है मैं ने कहा न था

इक बेवफ़ा के सामने आँसू बहाते हम
इतना हमारी आँख का पानी मरा न था

दो काले होंट, जाम समझ कर चढ़ा गये
वो आब जिस से मैं ने वुज़ू तक किया न था

सब लोग अपने अपने ख़ुदाओं को लाये थे
इक हम ही ऐसे थे के हमारा ख़ुदा न था

वो काली आँखें शहर में मशहूर थीं बहुत
तब उन पे मोटे शीशों का चश्मा चढ़ा न था

मैं साहबे ग़ज़ल था हसीनों की बज़्म में
सर पर घनेरे बाल थे माथा खुला न था

1962

1. गेहूँ की
2. हैरत

70

कोई हाथ नहीं ख़ाली है
बाबा ये नगरी कैसी है

कोई किसी का दर्द न जाने
सब को अपनी अपनी पड़ी है

उस का भी कुछ हक़ है आख़िर
उस ने मुझ से नफ़रत की है

फूल दवा जैसे महके हैं
किस बीमार की सुबह हुई है

जैसे सदियाँ बीत चुकी हों
फिर भी आधी रात अभी है

कैसे कटेगी तन्हा तन्हा
इतनी सारी उम्र पड़ी है

हम दोनों की ख़ूब निभेगी
मैं भी दुखी हूँ वो भी दुखी है

अब ग़म से क्या नाता तोड़ें
ज़ालिम बचपन का साथी है

दिल की ख़ामोशी पे न जाओ
राख के नीचे आग दबी है

1960

71

रेत भरी है इन आँखों में आँसू से तुम धो लेना
कोई सूखा पेड़ मिले तो उससे लिपट कर रो लेना

इस के बाद बहुत तन्हा हो जैसे जंगल का रस्ता
जो भी तुम से प्यार से बोले साथ उसी के हो लेना

कुछ तो रेत की प्यास बुझाओ जनम जनम की प्यासी है
साहिल पर चलने से पहले अपने पाँव भिगो लेना

मैंने दरया से सीखी है पानी की परदादारी
ऊपर ऊपर हँसते रहना, गहराई में रो लेना

रोते क्यों हो दिल वालों की क़िस्मत ऐसी होती है
सारी रात युँही जागोगे दिन निकले तो सो लेना

1986

72

अगर तलाश करूँ कोई मिल ही जायेगा
मगर तुम्हारी तरह कौन मुझको चाहेगा

तुम्हें ज़ुरूर कोई चाहतों से देखेगा
मगर वो आँखें हमारी कहाँ से लायेगा

न जाने कब तिरे दिल पर नई सी दस्तक हो
मकान ख़ाली हुआ है तो कोई आयेगा

मैं अपनी राह में दीवार बन के बैठा हूँ
अगर वो आया तो किस रास्ते से आयेगा

तुम्हारे साथ ये मौसम फ़रिश्तों जैसा है
तुम्हारे बाद ये मौसम बहुत सतायेगा

1986

73

मैं निगारे फ़िक्रो निगाह को कभी भूल कर भी सदा न दूँ
ये अजीब शर्ते वफ़ा हुई के जो तुम कहो मैं वही कहूँ

कई अजनबी तिरी राह में मिरे पास से यूँ गुज़र गये
जिन्हें देख कर ये तड़प हुई तेरा नाम ले के पुकार लूँ

मिरी आरज़ू है के एक रात बस एक चाँदनी रात में
मैं ख़मोश बर्फ़ की वादियों की उदास बाँहों में सो रहूँ

ये हवा न जाने कहाँ कहाँ भरी दोपहर में लिये फिरे
मिरे बर्गेदिल[1] ज़रा ठहर जा तुझे आँसुओं से मैं सींच लूँ

1. दिल रूपी पत्ता

किसी मसलहत से बहार ख़ुद मिरे लब के पास ठहर गई
मिरी आरज़ू थी ख़िज़ाँ के ख़ुश्को उदास होठों को चूम लूँ

ये सफ़ेद फूलों की चादरें नमे शबनमी का बुना कफ़न
मुझे कुछ न दो यहीं रहने दो के इसी गली की मैं ख़ाक हूँ

मैं तो आँसुओं का सुकूत हूँ लबे शेर मुझ को सदा न दे
न 'कबीर' हूँ, न 'नज़ीर' हूँ, न मैं 'मीर' हूँ, न 'बशीर' हूँ

1961

74

दिमाग़ भी कोई मसरूफ़ छापाख़ाना है
वो शोर जैसे के अख़बार छपता रहता है

चराग़ जलते ही पोरस की फ़ौज भाग गई
गली में तन्हा सिकन्दर उदास बैठा है

हज़ारों पत्ते ज़मीं पर शहीद मिलते हैं
ख़िज़ाँ की धूप में नेज़ा कोई चमकता है

ज़मीं ने माँग लिया आस्माँ ने छीन लिया
हमारे पास न अब जिस्म है न साया है

वो बालकनी में आये तो रास्ता रुक जाये
सड़क पे चलने लगे तो हमारे जैसा है

जहाँ पे मिलती थीं दो किरनें उस शजर के तले
रज़ाई ओढ़े हुए इक फ़क़ीर बैठा है

1964

75

धूप खेतों में उतर कर ज़ाफ़रानी[1] हो गई
सुरमई अश्जार[2] की पोशाक धानी हो गई

जैसे जैसे उम्र भीगी सादा पोशी कम हुई
सूट पीला, शर्ट नीली, टाई धानी हो गई

उसकी उर्दू में भी अब की मग़रबी[3] लहजा मिला
काले बालों की भी रंगत ज़ाफ़रानी हो गई

साँप के बोसे में कैसा प्यार था कि फ़ाख़्ता
फड़फड़ा कर इक सदाए आसमानी हो गई

नर्म टहनी धुन्ध की यलग़ार[4] को सहती हुई
शाख़ की बाँहों में आकर जाविदानी हो गई

1960

1. केसरिया
2. वृक्षों
3. पश्चिमी
4. हम्ला

76

तुम ने देखा किधर गये तारे
किस की आवाज़ पर गये तारे

ये कहीं शह्रे आरज़ू तो नहीं
चलते चलते ठहर गये तारे

कब से है आँख गोद फैलाए
झील में क्यों उतर गये तारे

दूर तक नक्शे पावे नूर[1] नहीं
जाने किस रह गुज़र गये तारे

उफ़ ये साये अन्धेरे सन्नाटे
जाने किस के नगर गये तारे

आज आसारे सुब्ह से पहले
वादियों में उतर गये तारे

सहमे सहमे, बुझे बुझे, मग़मूम[2]
सर झुकाए गुज़र गये तारे

'बद्र' कुछ वाँ की भी ख़बर है तुम्हें
आँचलों पर बिखर गये तारे

1958

1. रोशनी के पैरों के निशान

2. उदास, ग़मजदा

77

किस देश में ये क़ाफ़लए वक़्त रुका है
आरिज़[1] के उजाले हैं न ज़ुल्फ़ों की घटा है

1. गाल

कुछ मेरी निगाहों के तले धुन्ध बहोत है
कुछ जश्ने चरागाँ से अन्धेरा भी बढ़ा है

मैं ने तिरी बातों को कभी झूट कहा था
उस जुर्म पे हर झूट को सच मान लिया है

ऐ शोख़ ग़िज़ालो, यहाँ दो फूल तो रख दो
इस क़ब्र में ख़्वाबीदा मोहब्बत का ख़ुदा है

आरिज़ से झलकती है गुलाबों की गुलाबी
मेरी निगाहे शौक़ ने वो रंग दिया है

अब आओ कलेजे से लिपट कर मिरे सो जाओ
बाहर कहाँ जाओगे बड़ी सर्द हवा है

कुछ देर में साँसों की भी आहट न मिलेगी
दिल रात के सन्नाटे में यूँ डूब रहा है

1960

78

जब सहर चुप हो, हँसा लो हम को
जब अन्धेरा हो, जला लो हम को

हम हक़ीक़त हैं, नज़र आते हैं
दास्तानों में छुपा लो हम को

ख़ून का काम रवाँ रहना है
जिस जगह चाहो, बहा लो हम को

दिन न पा जाए कहीं शब का राज़
सुब्ह से पहले उठा लो हम को

दूर हो जायेंगे सूरज की तरह
हम न कहते थे, उछालो हम को

हम ज़माने के सताए हैं बहोत
अपने सीने से लगा लो हम को

वक़्त के होंट हमें छू लेंगे
अन कहे बोल हैं गा लो हम को

79

सूरजमुखी के गालों पे ताज़ा गुलाब है
ये मेरा आफ़ताब, मिरा माहताब है

हर तारा कपकपाते हुए होंटों की दुआ
ये आसमान, हम्दो सना की किताब है

बादल हवा की ज़द पे बरस कर बिखर गये
अपनी जगह चमकता हुआ आफ़ताब है

नाहक़ ख़्याल करते हो दुनिया की बात का
तुम को ख़राब जो कहे वो ख़ुद ख़राब है

सब रिश्ते टूट जाते हैं बर्गे बहार के
उड़ना हवा के दोश[1] पे कैसा अज़ाब है

1959

1. कंधा

80

गाँव छोड़ा तो कई आँखों में काजल फैला
शह्र पहुँचा तो किसी माथे पे झूमर झूमा

ज़िन्दगी तू ने मुझे मार लिया था लेकिन
ये तो मैं था जो तिरे ज़िन्दों से बेहतर ही जिया

अब मिले हम तो कई लोग बिछड़ जायेंगे
इन्तज़ार और करो अगले जनम तक मेरा

वो तो इन्साँ थी तिरी याद की महविअत[1] में
दरो दीवार को सीने से लगा कर चूमा

आज की शाम दोबारा न कभी आयेगी
आज की शाम न ये सोच के कल क्या होगा

दुख भरा प्यार, समुन्दर की तरह ला महदूद[2]
ग़मज़दा हुस्न रवाँ पानी में घुलता सोना

मेरे हाथों से कभी छूटा था इक आईना
उम्र भर जिस को मिरी आँखों ने पलकों से चुना

रात ख़ामोशिए दिल छा गई जब दुनिया पर
कोई बोला था बहोत पास वो तुम थे के ख़ुदा

ख़ूबसूरत है बहोत प्यार की ख़ुश फ़हमी भी
बन्द पलकों को तिरे होंटों ने जैसे चूमा

कोई आया था नहीं तेज़ हवा थी शायद
मेज़ और फ़र्श पे बिखरी हुई है लोलीता

1961

1. डूब जाना

2. असीमित

81

'बद्र' दो आँखें बहोत ढूँढ़ रही हैं तुम को
चाँद की चौदवीं तारीख़ है ऊपर देखो

रात सोई हुई रानाइयों[1] ने मुझ से कहा
हम तुम्हारी ही ग़ज़ल हैं कभी हमको भी कहो

1. सुन्दरता

चाँदनी रात में कह जाती है आहट जैसे
हम बहोत पास हैं आवाज़ न दो, हमको सुनो

जिससे उम्मीदे वफ़ा होगी वही दुख देगा
बेवफ़ा जान के चाहो जिसे अब की चाहो

उस की क़ुदरत में नहीं रुक के कोई बात सुने
वक़्त आवाज़ है, आवाज़ को आवाज़ न दो

मुन्तज़िर कब से है औराक़े किताबे हस्ती
दिल की कुछ रंग करो नौके क़लम को चूमो

एक आवाज़, बहोत काफ़ी है सोने के लिये
लोग समझेंगे बने लेटे हो अब जाग पड़ो

आज कमरे में नहीं बैठने वाला मौसम
बर्फ़ गिरने की ख़बर गर्म है घर से निकलो

1963

82

ख़ुफ़ता शजर लरज़ उठे जैसे के डर गये
कुछ चाँदनी के फूल ज़मीं पर बिखर गये

शीशे की ताज सर पे रखे आ रही थी रात
टकराई हम से चाँद सितारे बिखर गये

वो ख़ुश्क होंठ रेत से नम माँगते रहे
जिन की तलाश में कई दरया गुज़र गये

चाहा था मैं ने चाँद की पलकों को चूम लूँ
होठों पे मेरे सुबह के तारे बिखर गये

मेरे लबों पे चाँद की क़ाशें लरज़ गईं
आँखों पे जैसे रात के गेसू बिखर गये

तलबों में नर्म धूप ने जब गुदगुदी सी की
पलकों पे सोये चाँदनी के ख़ुआब डर गये

साहिल पे रुक गये थे ज़रा देर के लिए
आँखों से दिल में कितने समन्दर उतर गये

पाया जो मुस्कुराते हुए कह उठी बहार
जो ज़ख़्म पिछले साल लगाये थे भर गये

जिन पर लिखी हुई थी मोहब्बत की दास्ताँ
वो चाक चाक पुरज़े हवा में बिखर गये

1965

83

सूरते शम्मः सारी रात जलो
सुबह लेकिन मिसाले गुंचा हँसो

चाँद का दाग़ देखने वालो
अपने दामन का दाग़ भी देखो

चाहे आँखों की रोशनी ले लो
आँसुओ, आज रात भर चमको

ऐ शबे ग़म के जागते तारो
रात काफ़ी है जाओ सो जाओ

आओ इक दूसरे का ग़म बाँटें
कुछ हमारी सुनो, कुछ अपनी कहो

कौन जाने कहाँ बिछड़ जायें
राह तारीक[1] है क़रीब रहो

ये ज़मीं मुद्दतों की प्यासी हैं
आँसुओ दिल पे टूट कर बरसो

वक़्त सौ मुंसिफ़ों का मुंसिफ़ है
वक़्त आयेगा इन्तज़ार करो

चश्म माँगे है आज दिल का लहू
'बद्र' साहब का कोई शेर पढ़ो

1960

1. अंधेरी

84

शोलए गुल, गुलाबे शोला क्या
आग और फूल का ये रिश्ता क्या

तुम मिरी ज़िन्दगी हो ये सच है
ज़िन्दगी का मगर भरोसा क्या

कितनी सदियों की क़िस्मतों का अमीं
कोई समझे बिसाते लम्हा क्या

जो न आदाबे दुश्मनी जाने
दोस्ती का उसे सलीक़ा क्या

जब कमर बाँध ली सफ़र के लिये
धूप क्या, मेघ क्या है साया क्या

जिन को दुनिया ग़ज़ल समझती है
पूछते हैं वो शे'रो-मिसरा क्या

काम की पूछते हो गर साहब
आशिक़ी के अलावा पेशा क्या

बात मतलब की सब समझते हैं
साहिबे नश्शा, ग़र्क़े बादा[1] क्या

1. शराब में डूबा हुआ

दिल दुखों को सभी सताते हैं
शेर क्या, गीत क्या, फ़साना क्या

सब हैं किरदार इक कहानी के
वरना शैतान क्या, फ़रिश्ता क्या

जान कर हम बशीर 'बद्र' हुए
इस में तक़दीर का नविश्ता[2] क्या

1960

2. लिखा हुआ

85

ज़ख़्म यूँ मुस्कुरा के खिलते हैं
जैसे वो दिल को छू के गुज़रे हैं

दर्द का चाँद, आँसुओं के नुजूम[1]
दिल के आँगन में आज उतरे हैं

1. तारे

राख के ढेर जैसे सर्द मकाँ
चाँद इन बदलियों में रहते हैं

आईनों का कोई कुसूर नहीं
इन में अपने ही अक्स होते हैं

ग़ौर से देख ख़ाक तन्हा नहीं
साथ फूलों के रंग उड़ते हैं

कोई बीमार के क़रीब रहो
शाम ही से चराग़ सोए हैं

अलअमाँ[2] शाइराने ख़स्ता हाल
कितने आशिक़ मिज़ाज होते हैं

2. अल्लाह की पनाह

अब शबे हिज्र भी नहीं आती
इन दिनों हम बहोत अकेले हैं

इन से अहवाले[3] शब सुनो साहब
'बद्र' जी रात रात घूमे हैं

3. हालात

1960

86

वो प्यासे झोंके बहोत प्यासे लौट जाते हैं
जो दूर दूर से बादल उड़ा के लाते हैं

कोई लिबास नहीं दिल की बे लिबासी का
अगरचे रोज़ नई चादरें चढ़ाते हैं

ख़ुलूसे शबनमो निकहत वफ़ूरे आतिशे गुल
वो होंट जो मिरी पलकों पे कपकपाते हैं

ये बात क्यों कही मुझ से सुकूते दरया ने
चराग़ पानी में अक्सर बहाये जाते हैं

सितारे खोए हुए बच्चे हैं जिन्हें अक्सर
वो साथ खेले हुए दोस्त याद आते हैं

पुकार उट्ठे मुसाफ़िर को जैसे चाँद नगर
कि ख़ुफ़्ता[1] जिस्म कभी यूँ भी जाग जाते हैं

1. सोये हुए

लरज़ रहे हैं सितारे सहर की आँखों में
चमन के शबनमी रुख़सार थरथराते हैं

हमारे शे'र गुनाहे ज़मी का वो नग़मा
जिसे फ़लक के फ़रिश्ते भी गुनगुनाते हैं

क़सीदा हुस्न का और हुस्न को सुनाओगे
बताओ फूल को ख़ुशबू कहीं सुँघाते हैं

सितारा[1] बन के भटकते हैं सारी सारी रात
जो वादा करके वफ़ा करना भूल जाते हैं

तिरा सुकूत है अक्सर तहइअरे[2] नग़मा
ख़मोश रह के भी ये होंट गुनगुनाते हैं

मैं दिन हूँ मेरी जबीं पर दुखों का सूरज है
दिये तो रात की पलकों पे झिलमिलाते हैं

जला रहा है सितारों को इन्तज़ार मिरा
मगर वो अश्क जो पलकों पे थरथराते हैं

उन्हीं के पास मिलेंगे कई नवादरे[3] ग़म
वो काफ़ले जो रहे दिल पे आते जाते हैं

गुलाब सा वो बदन क्या हवाए दर्द में तो
घने दरख़्तों के जंगल भी सूख जाते हैं

ख़ुशा[4] ये कद्र तो है इस उदास नस्ल के पास
उदास भी जो न होंगे वो लोग आते हैं

1961

1. ओस और सुगन्ध की सच्चाई और फूल की आग की तीव्रता
2. आश्चर्य
3. पुरातन अनोखी, ऐंटीक
4. बहुत ख़ूब

87

हमको काफ़ी हैं यही हल्क़ए ज़ंजीरे सुख़न
जाओ मिलजुल के तुम्हीं बाँट लो जागीरे सुख़न

वारिसे मुल्के ग़ज़ल रोये तो रो लेने दो
गुस्ले अश्कों से हुआ करती है ततहीरे सुख़न

ज़िंदगी रात है और रात भी बीमार की रात
दर्द बन बन के चमकती रही तनवीरे सुख़न

गुफ़्तुगू जैसे कहीं दूर ग़ज़ल गाये कोई
ख़ामशी जैसे के तब खोले हो तस्वीरे सुख़न

ज़ब्त की धार से कट जाता है आहन का जिगर
लोग फूलों पे रवाँ करते हैं शमशीरे सुख़न

हम भी आईना सिफ़त थे कभी लेकिन अब तो
अपने माथे पे उभर आई है तहरीरे सुख़न

हम जो मिट जायेंगे मिट जाएगी तहज़ीबें ग़ज़ल
अपनी तक़दीर में पोशीदा है तक़दीरे सुख़न

वाह वा कैसी मियाँ आह भी करनी हो मोहाल
वाकई सीने में लग जाये अगर तीरे सुख़न

'बद्र' हर फ़र्द को इंसान नहीं कह सकते
'बद्र' हर शे'र में होती नहीं तासीरे सुख़न

88

वक़्ते रुख़सत कहीं तारे कहीं जुगनू आए
हार पहनाने मुझे फूल से बाज़ू आए

बस गई है मेरे एहसास में ये कैसी महक
कोई ख़ुशबू मैं लगाऊँ तेरी ख़ुशबू आए

इन दिनों आपका आलम भी अजब आलम है
तीर खाया हुआ जैसे कोई आहू[1] आए

1. हिरन

उसकी बातें कि गुलोलाला पे शबनम बरसे
सबको अपनाने का उस शोख़ को जादू आए

उसने छूकर मुझे पत्थर से फिर इन्सान किया
मुद्दतों बाद मेरी आँखों में आँसू आए

1992

89

सूरज भी बँधा होगा देखो मेरे बाज़ू में
इस चाँद को भी रखना सोने के तराज़ू में

अब हमसे शराफ़त की उम्मीद न कर दुनिया
पानी नहीं मिल सकता तपती हुई बालू में

तारीक[1] समन्दर के सीने में गुहर[2] ढूँढो
जुगनू भी चमकते हैं बरसात के आँसू में

दिलदारो सनम झूटे सब दैरोहरम[3] छूटे
हम आ ही गए आख़िर दुनिया तिरे जादू में

ख़ाबीदा[4] गुलाबों पर ये ओस बिछी कैसे
एहसास चमकता है उस्लूब[5] की ख़ुशबू में

1990

1. अन्धेरा 2. मोती
3. मन्दिर-मस्जिद
4. सोया हुआ
5. शैली

90

ख़ुशबू की तरह आया वो तेज़ हवाओं में
माँगा था जिसे हमने दिन रात दुआओं में

तुम छत पे नहीं आए मैं घर में नहीं निकला
ये चाँद बहुत भटका सावन की घटाओं में

इस शहर में इक लड़की बिल्कुल है ग़ज़ल जैसी
बिजली सी घटाओं में ख़ुशबू सी हवाओं में

मौसम का इशारा है खुश रहने दो बच्चों को
मासूम मुहब्बत है फूलों की ख़ताओं में

भगवान ही भेजेंगे चावल से भरी थाली
मज़लूम परिन्दों की मासूम सभाओं में

दादा बड़े भोले थे सबसे यही कहते थे
कुछ ज़ह्र भी होता है अंग्रेज़ी दवाओं में

1998

91

अच्छा तुम्हारे शहर का दस्तूर हो गया
जिसको गले लगा लिया वो दूर हो गया

काग़ज़ में दब के मर गए कीड़े किताब के
दीवाना बे पढ़े लिखे मशहूर हो गया

महलों में हमने कितने सितारे सजा दिए
लेकिन ज़मीं से चाँद बहुत दूर हो गया

तनहाइयों ने तोड़ दी हम दोनों की अना[1]
आईना बात करने पे मजबूर हो गया

सुब्हे विसाल पूछ रही है अजब सवाल
वो पास आ गया कि बहुत दूर हो गया

कुछ फल ज़रूर आएँगे रोटी के पेड़ में
जिस दिन मेरा मतालबा[2] मंज़ूर हो गया

1988

1. अहं
2. माँग

92

वो नहीं मिला तो मलाल क्या, जो गुज़र गया सो गुज़र गया
उसे याद कर के न दिल दुखा जो गुज़र गया सो गुज़र गया

न गिला किया, न ख़फ़ा हुए, यूँ ही रास्ते में जुदा हुए
न तू बे वफ़ा, न मैं बे वफ़ा, जो गुज़र गया सो गुज़र गया

वो ग़ज़ल की कोई किताब था, वो गुलों में एक गुलाब था
ज़रा देर का कोई ख्वाब था, जो गुज़र गया सो गुज़र गया

मुझे पतझड़ों की कहानियाँ न सुना सुना के उदास कर
तू ख़िज़ाँ का फूल है मुस्कुरा, जो गुज़र गया सो गुज़र गया

वो उदास धूप समेट कर कहीं वादियों में उतर चुका
उसे अब न दे मिरे दिल सदा, जो गुज़र गया सो गुज़र गया

ये सफ़र भी कितना तवील[1] है, यहाँ वक़्त कितना क़लील[2] है
कहाँ लौट कर कोई आएगा, जो गुज़र गया सो गुज़र गया

1. लम्बा
2. संक्षिप्त, छोटा

वो वफ़ायें थीं के जफ़ायें थीं, न ये सोच किसकी ख़तायें थीं
वो तिरा है उसको गले लगा, जो गुज़र गया सो गुज़र गया

कोई फ़र्क़ शाहो गदा[3] नहीं कि यहाँ किसी को बक़ा[4] नहीं
ये उजाड़ महलों की सुन सदा, जो गुज़र गया सो गुज़र गया

3. फ़क़ीर
4. अमरत्व

तुझे ऐतबारो यक़ीं नहीं, नहीं दुनिया इतनी बुरी नहीं
न मलाल कर मिरे साथ आ, जो गुज़र गया सो गुज़र गया

1989

93

पियाबाज प्याला पिया जाय ना के नाम

लगी दिल की हमसे कही जाय ना
ग़ज़ल आँसुओं से लिखी जाय ना

अजब है कहानी मिरे प्यार की
लिखी जाय लेकिन पढ़ी जाय ना

सवेरे से पनघट पे बैठी रहूँ
पिया बिन गगरिया भरी जाय ना

न मन्दिर न मस्जिद न दैरो हरम
हमारी कहीं भी सुनी जाय ना

ख़ुदा से ये बाबा दुआएँ करो
हमें छोड़कर वो कभी जाय ना

सुनाते सुनाते सहर हो गई
मगर बात दिल की कही जाय ना

1987

94

मैं ज़मीं ता आसमाँ, वो क़ैद आतिशदान में
धूप रिश्ता बन गई, सूरज में और इन्सान में

मैं बहोत दिन तक सुनहरी धूप का आँगन रहा
एक दिन फिर यूँ हुआ शाम आ गई दालान में

किस के अन्दर क्या छुपा है कुछ पता चलता नहीं
तैल की दौलत मिली वीरान रेगिस्तान में

शक्ल, सूरत, नाम, पहनावा, ज़बाँ अपनी जगह
फ़र्क़ वरना कुछ नहीं इन्सान और इन्सान में

इन नई नस्लों ने सूरज आज तक देखा नहीं
रात हिंदुस्तान है रात पाकिस्तान में

नवम्बर, 1998

95

परखना मत परखने में कोई अपना नहीं रहता
किसी भी आईने में देर तक चेहरा नहीं रहता

बड़े लोगों से मिलने में हमेशा फ़ासला रखना
जहाँ दरया समन्दर से मिला दरया नहीं रहता

हज़ारों शे'र मेरे सो गये काग़ज़ की क़ब्रों में
अजब माँ हूँ कोई बच्चा मिरा ज़िन्दा नहीं रहता

मुहब्बत एक ख़ुशबू है हमेशा साथ चलती है
कोई इन्सान तन्हाई में भी तन्हा नहीं रहता

तुम्हारा शहर तो बिल्कुल नये अन्दाज़ वाला है
हमारे शहर में भी अब कोई हम सा नहीं रहता
1996

96

कोई चिराग़ नहीं है मगर उजाला है
अजीब रात है सूरज निकलने वाला है

ग़ज़ब की आग है इक बे लिबास पत्थर पर
पहाड़ पर तिरी बरसात का दुशाला है

अजीब लहजा है दुश्मन की मुस्कुराहट का
मुझे गिराया कहाँ है मुझे संभाला है

निकल के पास की मस्जिद से एक बच्चे ने
फ़साद में जली मूरत पे हार डाला है

तमाम वादि-ओ-सहरा में आग रौशन है
मुझे ख़िज़ाँ के इन्हीं मौसमों ने पाला है

1995

97

आईना धूप का, दरया में दिखाता है मुझे
मेरा दुश्मन, मिरे लहजे में बुलाता है मुझे

आँसुओं से मिरी तहरीर नहीं मिट सकती
कोई काग़ज़ हूँ के पानी से डराता है मुझे

सर पे सूरज की सवारी मुझे मंज़ूर नहीं
अपना क़द धूप में छोटा नज़र आता है मुझे

दूध पीते हुए बच्चे की तरह है दिल भी
दिन में सो जाता है रातों में जगाता है मुझे

धूप की आग से फूलों के बदन रोशन हैं
सात रंगों में तिरा दर्द सजाता है मुझे

रोज़ कहता है के गिरती हुई दीवार हूँ मैं
एक बादल है जो रह रह के डराता है मुझे

ऐसा लगता है के उस ने मुझे 'ग़ालिब' जाना
न उठाता है मुझे और न बिठाता है मुझे

दिसम्बर, 1998

98

सदियों की गठरी सर पर ले जाती है
दुनिया बच्ची बन कर वापस आती है

मैं दुनिया की हद से बाहर रहता हूँ
घर मेरा छोटा है लेकिन ज़ाती है

दुनिया भर के शहरों का कल्चर यकसाँ
आबादी, तन्हाई बनती जाती है

मैं शीशे के घर में पत्थर की मछली
दरया की ख़ुशबू, मुझ में क्यों आती है

पत्थर बदला, पानी बदला, बदला क्या
इन्साँ तो जज़्बाती था जज़्बाती है

काग़ज़ की कश्ती, जुगनू, झिलमिल झिलमिल
शोहरत क्या है, इक नदिया बरसाती है

जुलाई, 1998

99

है अजीब शह्र की ज़िन्दगी, न सफ़र रहा न क़याम है
कहीं कारोबार सी दोपहर, कहीं बदमिज़ाज सी शाम है

कहाँ अब दुआओं की बरकतें, वो नसीहतें, वो हिदायतें
ये ज़रूरतों का ख़ुलूस है, ये मतालबों का सलाम है

यूँ ही रोज़ मिलने की आरज़ू बड़ी रख रखाव की ग़ुफ़्तुगू
ये शराफ़तें नहीं बे ग़रज़ उसे आप से कोई काम है

वो दिलों में आग लगायेगा मैं दिलों की आग बुझाऊँगा
उसे अपने काम से काम है, मुझे अपने काम से काम है

न उदास हो, न मलाल कर, किसी बात का न ख़याल कर
कई साल बाद मिले हैं हम, तिरे नाम आज की शाम है

कोई नग़मा धूप के गाँव सा, कोई नग़मा शाम की छाँव सा
ज़रा इन परिन्दों से पूछना ये कलाम किस का कलाम है

जुलाई, 1998

100

ग़मों की आयतें शब भर छतों पे चलती हैं
इमाम बाड़ों से सैदानियाँ निकलती हैं

उदासियों को सदा दिल के ताक में रखना
ये मोम बत्तियाँ हैं फ़ुर्सतों में जलती हैं

रसोई घर में ये अहसास रोज़ होता है
तिरी दुआओं के पंखे हवायें झलती हैं

अजीब आग है हमदर्दियों के मौसम की
ग़रीब बस्तियाँ बरसात ही में जलती हैं

ये उलझनें भी ज़रूरी हैं ज़िन्दगी के लिये
समन्दरों में यूँ ही मछलियाँ मचलती हैं

अक्तूबर, 1998

101

आग को गुलज़ार कर दे, बर्फ़ को दरया करे
देखने वाला तिरी आवाज़ को देखा करे

उसकी रहमत ने मिरे बच्चे के माथे पर लिखा
इस परिन्दे के परों पर आस्माँ सजदा करे

एक मुट्ठी ख़ाक थे हम, एक मुट्ठी ख़ाक हैं
उसकी मर्ज़ी है हमें सहरा करे, दरया करे

दिन का शहज़ादा मिरा मेहमान है, बेशक रहे
रात का भूला मुसाफिर भी यहाँ ठहरा करे

आज पाकिस्तान की इक शाम याद आई बहुत
क्या ज़ुरूरी है के बेटी, बाप से परदा करे

अक्तूबर, 1998

102

नाम उसी का नाम सवेरे शाम लिखा
शे'र लिखा या ख़त उस को गुमनाम लिखा

उस दिन पहला फूल लिखा जब पतझड़ ने
पत्ती पत्ती जोड़ के तेरा नाम लिखा

उस बच्चे की कापी अक्सर पढ़ता हूँ
सूरज के माथे पर जिसने शाम लिखा

कैसे दोनों वक़्त गले मिलते हैं रोज़
ये मंज़र मैंने दुश्मन के नाम लिखा

सात ज़मीनें, एक सितारा, नया नया
सदियों बाद, ग़ज़ल ने कोई नाम लिखा

'मीर' 'कबीर' 'बशीर' इसी मकतब के हैं
आ दिल के मकतब में अपना नाम लिखा
मई, 1998

103

किताबें, रिसाले न अख़बार पढ़ना
मगर दिल को हर रात इक बार पढ़ना

सियासत की अपनी अलग इक जबाँ है
लिखा हो जो इक़रार, इनकार पढ़ना

अलामत नये शह्र की है सलामत
हज़ारों बरस की ये दीवार पढ़ना

किताबें, किताबें, किताबें, किताबें
कभी तो वो आँखें, वो रुख़सार पढ़ना

मैं काग़ज़ की तक़दीर पहचानता हूँ
सिपाही को आता है तलवार पढ़ना

बड़ी पुरसुकूँ धूप जैसी वो आँखें
किसी शाम झीलों के उस पार पढ़ना

ज़बानों की ये ख़ूबसूरत इकाई
ग़ज़ल के परिन्दों का अश्आर पढ़ना

मई, 1998

104

हम लोग सोचते हैं हमें कुछ मिला नहीं
शह्रों से वापसी की कोई रास्ता नहीं

इक चेहरा साथ साथ रहा जो मिला नहीं
किस को तलाश करते रहे कुछ पता नहीं

शिद्दत की धूप, तेज़ हवाओं के बावजूद
मैं शाख़ से गिरा हूँ, नज़र से गिरा नहीं

आख़िर ग़ज़ल का ताज महल भी है मक़बरा
हम ज़िन्दगी थे हम को किसी ने जिया नहीं

जिसकी मुख़ालिफ़त हुई मशहूर हो गया
इन पत्थरों से कोई परिन्दा गिरा नहीं

तारीकियों में और चमकती है दिल की धूप
सूरज तमाम रात यहाँ डूबता नहीं

किसने जलाईं बस्तियाँ बाज़ार क्यों लुटे
मैं चाँद पर गया था मुझे कुछ पता नहीं

1995

105

दालानों की धूप, छतों की शाम कहाँ
घर से बाहर घर जैसा आराम कहाँ

बाज़ारों की चहल पहल से रोशन हैं
इन आँखों में मन्दिर जैसी शाम कहाँ

मैं उस को पहचान नहीं पाया तो क्या
याद उसे भी आया मेरा नाम कहाँ

चन्दा के बस्ते में सूखी रोटी है
काजू, किशमिश, पिस्ते और बादाम कहाँ

लोगों को सूरज का धोखा होता है
आँसू बन कर चमका मेरा नाम कहाँ

दिन भर सूरज किस का पीछा करता है
रोज़ पहाड़ी पर जाती शाम कहाँ

1994-95

106

सात रंगों के शामियाने हैं
दिल के मौसम बड़े सुहाने हैं

कोई तदबीर भूलने की नहीं
याद आने के सौ बहाने हैं

दिल की बस्ती अभी कहाँ बदली
ये मोहल्ले बहुत पुराने हैं

हक़ हमारा नहीं दरख़्तों पर
ये परिन्दों के आशियाने हैं

इल्मो-हिकमत, सियासतो-मज़हब
अपने अपने शराबख़ाने हैं

धूप का प्यार ख़ूबसूरत है
आग के फूल भी सुहाने हैं

1996

107

इबादतों की तरह मैं ये काम करता हूँ
मिरा उसूल है पहले सलाम करता हूँ

मुख़ालिफ़त से मिरी शख़्सियत सँवरती है
मैं दुश्मनों का बड़ा एहतराम करता हूँ

मैं अपनी जेब में अपना पता नहीं रखता
सफ़र में सिर्फ़ यही एहतमाम[1] करता हूँ

1. तैयारी

मैं डर गया हूँ बहुत सायादार पेड़ों से
ज़रा सी धूप बिछाकर क़याम करता हूँ

मुझे ख़ुदा ने ग़ज़ल का दयार बख़्शा है
ये सल्तनत मैं मोहब्बत के नाम करता हूँ

1996–97

❑❑❑